# Mehl & Ei
# herzhaft oder süß

LANDLEBEN *einfach* GENIESSEN

# Mehl & Ei
# herzhaft oder süß

Claudia Daiber

tandem.VERLAG
print line

# Inhalt

# Träume aus Ei & Mehl

Der Duft frisch gebackener Pfannkuchen oder Waffeln lässt nicht nur Kinderherzen höher schlagen, auch Erwachsene schnuppern beglückt und lassen sich nicht zweimal bitten zuzugreifen. Mehlspeisen halten eben Leib und Seele zusammen.

# Vorwort

Mehl und Ei – sie gehören schon seit langer Zeit zu den Grundnahrungsmitteln der Menschheit. Vielleicht haben Mehlspeisen deshalb einen so hohen Stellenwert, bedeuten für uns Wohlbefinden, Wärme und Heimat. Wenn uns die Sehnsucht plagt, helfen uns häufig Gerichte aus dem Elternhaus über das Seelentief hinweg. Oft sind dies die Lieblingsspeisen aus unserer Kindheit: Nockerl, Knödel, Pfannkuchen oder der feine Marmorkuchen, den die Mutter immer gebacken hat, wenn man Geburtstag hatte oder in den Semesterferien nach Hause kam. Deshalb sind diese Gerichte eben nicht nur einfach Rezepte, sondern sie wecken Erinnerungen an unsere Kinder- und Jugendzeit und die damit verbundenen Emotionen.

Eier und Mehl sind in ihrer Kombination wahre Kraftpakete und liefern neben Vitaminen und Aminosäuren auch Eiweiß und Ballaststoffe. In Kombination mit Obst oder Gemüse versorgen sie uns mit allen lebensnotwendigen Stoffen. Aus diesem Grund ist es nicht verwunderlich, dass man Mehlspeisen auf dem ganzen Globus kennt. Eine Auswahl an internationalen Rezepten habe ich Ihnen in diesem Buch zusammengestellt. Ich wünsche Ihnen gutes Gelingen!

# Rund ums Ei

Seit über 5000 Jahren gehört das Ei nachweislich zur Nahrung der Menschen. Damals wurden in Indien Hühner gezüchtet, die kleine, gelbschalige Eier legten. Den Griechen waren diese Eier zu klein und zu fad, deshalb züchteten sie eine neue Art dieses Ur-Huhns, deren Eier größer und auch geschmackvoller waren. Das Ei war ihnen heilig, denn sie nahmen an, dass das Universum aus einem Welt-Ei entstanden sei. Darauf zurückzuführen ist vielleicht auch die Annahme, die Bestandteile des Eies stünden für die vier Elemente.
Für die Christen sind Eier Symbole der Auferstehung Jesu, aber auch für Fruchtbarkeit und ewiges Leben, deshalb wurden sie den Toten oft mit ins Grab gegeben. So ist zu erklären, warum das Osterei noch heute eine große Bedeutung hat.

## Glücksbringer Ei

Im 17. Jahrhundert war es in Frankreich Brauch, dass eine Braut ein Ei auf der Türschwelle des neuen Heimes zerschlug, dies sollte für eine glückliche und kinderreiche Ehe sorgen.
Allerdings glaubte man auch, dass die Eierschalen von Hexen für Verzauberungen missbraucht werden konnten. Deshalb wurden die Schalen stets sorgfältig entsorgt, damit sie nicht in unbefugte Hände gelangen konnten.
Im Mittelalter musste am Gründonnerstag die Landpacht bezahlt werden. Vor allem Bauern leisteten diese häufig in Form von Eiern. Aus diesem Grund nennt man Eier, die am Gründonnerstag gelegt wurden, Antlasseier (von Ablass). Sie galten als etwas Besonderes – ihnen wurden Heilkräfte nachgesagt, sie sollten Unglück von Haus und Hof abwenden und den Körper stärken.

## Das Ei in aller Munde

Es gibt viele Redensarten, bei denen wir „das Ei" im Munde führen: Will jemand ausdrücken, dass er Probleme hat, etwas auseinanderzuhalten – zum Beispiel ein Zwillingspärchen – so sagt er, dass sie „sich gleichen, wie ein Ei dem anderen". Macht einer ein Schnäppchen, so bekommt er etwas für „einen Apfel und ein Ei" und hat man die optimale Lösung gefunden, so ist es „das Gelbe vom Ei".
Kommt man auf die naheliegende Lösung eines Problems, so sagt man oft auch: „Das ist das Ei des Kolumbus." Eine Anekdo-

te erzählt, wie es zu dieser Redensart gekommen ist: Als Christoph Kolumbus nach der Entdeckung Amerikas in seine Heimat zurückkehrt, muss er sich dem Vorwurf von Kardinal Mendoza stellen, es sei keine herausragende Leistung gewesen, den neuen Kontinent zu entdecken, dies hätte jeder gekonnt. Daraufhin soll Kolumbus die ganze Gesellschaft gebeten habe, ein Ei auf die Spitze zu stellen. Keinem der Anwesenden wollte das gelingen. Kolumbus wurde aufgefordert, es selbst zu versuchen. Er nahm das Ei, drückte dessen Spitze leicht ein – und es blieb stehen. Die Anwesenden wandten ein, dass auch sie das gekonnt hätten. Kolumbus erwiderte: „Der Unterschied ist, dass Sie es hätten tun können, aber ich habe es getan."

## Wer war zuerst da? Das Ei oder die Henne?

Es ist eine philosophische Frage, welche die Menschen schon seit der Antike beschäftigt.
Sprichwörtlich wird sie heute verwendet, wenn man zum Ausdruck bringen möchte, dass nicht festzustellen ist, was Ursache und was Wirkung bestimmter Ereignisse ist.

# Ist Bio wichtig?

Gerade bei so empfindlichen Lebensmitteln wie Eiern spielt die Haltung eine große Rolle. Können sich Hühner frei auf einem ausreichend großen Grundstück bewegen, sind sie weniger anfällig für Krankheiten, was sich natürlich auch auf die Qualität der Eier auswirkt. Bio-Eier schmecken besser, weil die Hühner ein frisches Futter aus Körnern, Grünfutter, aber auch Würmern und Insekten erhalten. Deshalb enthalten Bio-Eier mehr Vitamin E und Beta-Carotin als Eier aus konventioneller Haltung. Ob ihr Ei aus einem Bio- oder einem normalen Betrieb stammt, können Sie dem Stempel entnehmen, den jedes Ei haben muss.
Dabei stehen die Zahlen für:

0 ökologische Haltung (Freilandhaltung und Bio-Fütterung)
1 Freilandhaltung (4 $m^2$ Auslauf pro Huhn)
2 Bodenhaltung (maximal sieben Hühner pro Quadratmeter)
3 Käfighaltung (pro Huhn 450–550 $cm^2$)

Die Buchstabenkombinationen stehen für das Herkunftsland: DE bedeutet beispielsweise, dass die Eier aus Deutschland stammen. Dann folgt die Kennnummer des Bundeslandes, z. B. 09 für Bayern und die Nummer des Lieferbetriebes.
Bei Eiern unterscheidet man 4 verschiedene Gewichtsklassen: XL (über 73 g), L (63–73 g), M (53–63 g) und S (unter 53 g).

# Sind Bio-Eier braun?

Viele Menschen assoziieren mit der braunen Farbe ökologische Haltung. Das ist aber falsch – die Farbe der Eierschale hat überhaupt nichts mit der Fütterung oder der Haltung zu tun. Reinrassige Hühner mit weißen Ohrscheiben (das sind die Ohrläppchen und hinter dem Auge des Huhns zu finden) legen weiße Eier, solche mit roten Ohrscheiben braune Eier.
Allerdings beeinflusst das Futter die Farbe des Eigelbs. Mais und Grünfutter geben eine dunklere Färbung des Dotters, es kann aber auch sein, dass Zusatzstoffe im Futter bewusst zur Veränderung der Farbe eingesetzt werden, soweit dies vom Gesetzgeber gestattet ist. Der Fischgeruch und -geschmack, der bei manchen Eiern festzustellen ist, hat jedoch nichts mit dem Hühnerfutter zu tun, er ist genetisch bedingt.

# Kraftpaket Ei

Egal, ob weiß oder braun, Eier enthalten neben Provitamin A, die Vitamine E, D und B sowie die wichtigsten Aminosäuren, weshalb sie für eine gesunde Ernährung von großer Bedeutung sind. Der

Anteil an diesen Vitaminen und Spurenelementen kann bei Bio-Eiern um das Zwei- bis Dreifache höher sein als bei Eiern aus konventioneller Haltung.

## Müssen Eier gekühlt werden?

Bis zum 18. Tag müssen Eier nicht gekühlt werden, denn sie verfügen in dieser Zeit über einen natürlichen Immunschutz im Inneren, aber auch auf der Schale, weshalb das Ei nicht gewaschen werden sollte. Nach und nach baut sich dieser Schutz ab, wodurch das Infektionsrisiko steigt. Wurde das Ei allerdings ab dem Legetag gekühlt, muss es weiterhin ohne Unterbrechung kühl gelagert werden.
Auf der Eischale befinden sich bei allen Eiern Bakterien, die beim Öffnen in das Ei gelangen können. Deshalb sollten alle Gerichte mit rohem Ei unter Beachtung größtmöglicher Hygiene hergestellt, gekühlt und rasch verzehrt werden. Jeder von uns weiß um die Gefahren einer Salmonelleninfektion. Reduzieren lässt sich dieses Risiko, wenn man die Eier vor der Verwendung kurz in kochendes Wasser taucht oder bei Cremezubereitungen die Eigelbmasse über dem heißen Wasserbad einige Minuten erhitzt.

## Eier in der Küche

Eier sind aus der Küche nicht wegzudenken. Ob solo oder in Kombination mit anderen Lebensmitteln – Eier bescheren uns auf 1001 Art kulinarische Genüsse. Ohne sie gäbe es keine luftigen Soufflés, keine Torten oder Kuchen, und auch Eis oder Cremedesserts laufen erst durch die Zugabe von Ei zur Höchstform auf.

# Für ein gutes Ei braucht man …

… ein gluckliches Huhn …
… gutes Futter, das mit Verantwortung erzeugt wird …
… einen Betrieb mit Bauern und Bäuerinnen, die im Einklang mit der Natur leben, Verantwortung für ihren Betrieb und die ihnen anvertrauten Tiere übernehmen und in ihrer Arbeits- und Lebensweise auf Nachhaltigkeit, Regionalität und Ökologie achten. Das sind Familienbetriebe, die ihre Arbeit ernst nehmen und ihr Tagwerk mit Liebe verrichten. Das kommt natürlich der Qualität und dem Geschmack eines jeden erzeugten Eies zugute.
Es kann schon mal sein, dass die Nachfrage größer ist als das Angebot. Kein Grund zur Sorge. Die Hühner kennen weder Feiertage noch Ferien. Sie legen täglich frische, köstliche Eier. Und dafür sind wir unendlich dankbar.
Bei uns in Pulling leben 1600 Hühner in vier altersgetrennten Stallabteilen. 6 Hühner pro Quadratmeter Stallfläche (in konventioneller Haltung sind es 9 Tiere/$m^2$) haben genug Platz, um sich frei bewegen zu können. Sitzstangen, Scharrraum mit Stroh und Sand, ein Wintergarten für uneingeschränktes „Luftschnappen" bieten den Hühnern ein artgerechtes Leben. Und die Krönung eines jeden Tages ist der Auslauf ins Freie, wo sich die Hühner bei schönem Wetter die Sonne auf das Federkleid scheinen lassen können.
Zum Eierlegen ziehen sich die Hennen in abgedunkelte Nester zurück, um in Ruhe ihre tägliche Arbeit zu verrichten.
Gefüttert werden unsere Hühner ausschließlich mit Getreide, das auf unseren Feldern ohne Dünge- und Spritzmittel wächst. Als Schmankerl enthält die Futterration noch hochwertige Eiweißergänzungskomponenten wie z.B. Sojabohnen. Das beziehen wir von einem biozertifizierten, garantiert gentechnikfreien Futtermittelbetrieb.
Jetzt wünschen wir uns allen viele Betriebe, die ihre Arbeit ernst nehmen und die Verantwortung übernehmen, um gute Lebensmittel zu erzeugen.

Georg und Lydia Baumgartner

*Auf dem Bio-Hof von Lydia und Georg Baumgartner in Pulling bei Freising haben rund 1600 Hühner ihr Zuhause. Und das kann sich sehen lassen: Die modernen Ställe verfügen über Wintergärten und riesige grüne Auslaufflächen. Hier führen die Eierproduzentinnen ein artgerechtes, glückliches Leben.*

# Mehl – Grundnahrungsmittel der Menschheit

Gräser dienten vermutlich schon unseren Vorfahren vor der letzten Eiszeit als Nahrungsmittel. Allerdings wurde das Korn damals noch nicht systematisch angebaut. Die Wissenschaft vermutet, dass vor etwa 13 000 Jahren Jäger Körner von wilden Gräsern wieder in die Erde pflanzten und damit den Grundstein für den Ackerbau legten, was große Auswirkungen auf das Leben der Menschen hatte. Denn so konnten die umherziehenden Stämme sesshaft werden, erste Siedlungen entstanden. Allerdings wurden die Körner zu dieser Zeit noch in mühevoller Kleinarbeit zu Mehl vermahlen.
Der nächste Meilenstein war die Erfindung des Rades (ca. 4000 vor Christus) und der Windmühlen (um ca. 1100 nach Christus), mit denen nun in größerem Stil Korn zu Mehl vermahlen werden konnte.

## Mehl ist nicht gleich Mehl

Mehl gibt es nicht nur aus den verschiedenen Weizensorten, auch Kichererbsen oder Kastanien werden zu Mehl vermahlen und können zum Backen verwendet werden. In verschiedenen Ländern bevorzugt man unterschiedliche Mehle. Die hier vorgestellten Mehle enthalten kein Gluten und sind daher auch für Zöliakiepatienten verträglich. Allerdings eignen sie sich deshalb auch nur bedingt zum Backen.

**Kichererbsenmehl** wird aus getrockneten Kichererbsen hergestellt. Der Ausdruck „Kicher" geht zurück auf das lateinische „cicer", was so viel wie „Erbse" bedeutet. Kichererbsen baut man im Kleinasiatischen Raum schon seit mindestens 8000 Jahren an, von dort nahmen sie ihren Weg in den Mittelmeerraum und nach Indien. Viele traditionelle Rezepte werden in diesen Ländern aus Kichererbsenmehl hergestellt: die Farinata in Italien, die in Nizza Socca heißt, oder die Panisse von der Côte d'Azur, ein Gebäck, das in Fett ausgebacken und zum Apéritif gereicht wird, um nur einige zu nennen.
**Maismehl** ist vor allem in Italien und Spanien beliebt. Ursprünglich kommt Mais aus der Karibik. Christoph Kolumbus soll ihn

dort entdeckt und mit nach Europa gebracht haben. Maismehl lässt sich zum Backen verwenden, gibt den Gerichten aber ein besonderes Aroma. Meiner Ansicht nach ist es eher für herzhafte Gerichte geeignet.

**Kastanienmehl** ist besonders fein im Geschmack und gibt allen Gerichten, die damit hergestellt werden, eine nussige Note. Früher gehörte die Kastanie in den Bergregionen Europas zu den Hauptnahrungsmitteln der Bevölkerung, im 20. Jahrhundert geriet sie mehr und mehr in Vergessenheit. Erst in jüngster Zeit erfährt die Kastanie eine Renaissance.

**Reismehl** kannte man ursprünglich vor allem in China und Japan. Es wird aus Rund-, Langkorn- oder Klebreis hergestellt. Da Teige aus Reismehl in der Regel weiß sind, werden sie gerne eingefärbt.

## Mehl aus Weizen, Roggen, Dinkel

Bei uns sind Mehle aus Weizen, Roggen und Dinkel am gebräuchlichsten. Es gibt sie in verschiedenen Ausmahlungsgraden, die man an der Typenzahl des Mehls ablesen kann. Je kleiner die Typenzahl, desto ausgemahlener das Mehl, das heißt, es hat eine

geringere Menge an Mineralstoffen und Vitaminen. Deutlich ist dies auch an der Farbe des Mehls zu erkennen: Vollkornmehl mit einem hohen Anteil an Mineralstoffen ist deutlich dunkler als Weißmehl. Die Mineralstoffe von Getreide befinden sich vor allem in der Schale, die beim Ausmahlen vom Getreidekern entfernt wird. Da Getreide uns mit wichtigen B-Vitaminen versorgt, sollte man auf Mehle mit einer hohen Typenzahl zurückgreifen, beziehungsweise viel Vollkornprodukte essen.
Beim Weizenmehl unterscheidet man **Hartweizen**- (Durum) und **Weichweizenmehl**. Ersteres wird vor allem für die Herstellung von Teigwaren verwendet. Weizenmehl eignet sich für fast alles – Brot, Brötchen, Kuchen, Kleingebäck, Torten, Pfannkuchen usw. **Roggenmehl** dagegen wird man wohl eher zum Brotbacken verwenden. **Dinkelmehl** ersetzt häufig Weizenmehl und kann wie dieses für fast alle Backwaren verwendet werden. Dinkelmehl schmeckt etwas nussiger als Weizenmehl, enthält aber wie dieses Gluten und ist deshalb für eine glutenfreie Diät bei Zöliakie nicht geeignet.

## Welches Mehl wofür?

Je feiner der Ausmahlungsgrad, desto zarter auch das Gebäck – aber eben auch weniger gesund. Denn ein ausgemahlenes Mehl enthält so gut wie keine Mineralstoffe mehr. Für Torten wird man eher zu den weißen Mehlen greifen, Kuchen, Kleingebäck und Mehlspeisen können aber auch mit Vollkornmehlen hergestellt werden oder man mischt Vollkorn- und Weißmehl halb und halb. Ein Trick hilft, auch Torten etwas „gesünder" zu machen: Man fügt dem Teig einfach Weizenkeime hinzu. Das macht den Teig nicht unnötig schwer, gibt ihm aber ein leicht nussiges Aroma und reichert ihn nebenbei mit einer Portion B-Vitaminen an.

## Bio- oder konventioneller Anbau?

Die Scheller-Mühle in Reisgang ist eine der ältesten Mühlen Bayerns, ihre Geschichte reicht mehr als 600 Jahre zurück. Bereits 1388 wurde sie erstmals urkundlich erwähnt. 1843 kommt sie in den Besitz der Familie Scheller und wird von ihr – nun in der neunten Generation – kontinuierlich ausgebaut. Das oberste Gebot von Josef Scheller, dem Senior-Chef, ist es, „ein Mehl zu mahlen, wie kein zweites". Er fühlt sich seinen Kunden verpflichtet, deshalb ist es für ihn selbstverständlich, dass die Qualität top sein muss. Obwohl die Scheller-Mühle zu den fünf größten konzernunabhängigen Mühlen Deutschlands gehört, ist sie ein Familienbetrieb geblieben.

„Bei einem Grundnahrungsmittel, wie es das Mehl darstellt, erwartet der Verbraucher erst einmal, dass es wenig kostet. Erst die Entwicklung in der jüngeren Zeit und die Nachfrage nach Bio-Produkten hat beim Verbraucher zu einem Umdenken geführt“, erläutert Josef Scheller, Junior-Chef der Scheller-Mühle in Reisgang. Obwohl die Mühle schon lange nach Bio-Richtlinien produziert, stand Bio bis vor einigen Jahren nicht auf den Verpackungen, weil die Mühle vor allem Großkunden belieferte.
Inzwischen wurden auch Kleinpackungen in das Sortiment aufgenommen.
Um eine optimale Qualität zu garantieren, gibt Scheller seinen Lieferanten vor, nach welchen Kriterien sie ihr Getreide anbauen müssen. Jede Ladung wird bei der Anlieferung vom firmeneigenen Labor geprüft und darf erst abgeladen werden, wenn das Labor grünes Licht gibt. Auch während des gesamten Herstellungsprozesses wird die Qualität des Mehls ständig überprüft.

Josef Scheller jr. verriet sein Lieblingsmehlspeisenrezept:

# Kaiserschmarrn

**Für 4 Portionen**

100 g Mehlzauber Wiener Grießler
3 Eier
200 ml Milch
1 Prise Salz
Butterschmalz
1 EL Zucker
Butter

Mehl und Eier verquirlen, dann Milch und Salz unterrühren. Den Teig etwa 10 Minuten ruhen lassen.

Den Backofen auf 180 °C vorheizen. Butterschmalz in einer ofenfesten Pfanne zerlassen, den Teig hineingeben und kurz anbacken, dann in den Backofen geben und 3 bis 4 Minuten backen.

Den fertigen Kaiserschmarrn aus dem Backofen nehmen und mit zwei Gabeln auseinanderreißen. Mit Zucker bestreuen und mit Butterflöckchen belegen und nochmals kurz in der Pfanne karamellisieren lassen.

# Viele Länder – ein Gericht

Er hat Geschichte gemacht – der dicke fette Pfannkuchen: Goldbraun und verlockend kennt man ihn in den unterschiedlichsten Variationen und Rezepturen, süß oder salzig, beinahe rund um den Erdball. Geschichten und Anekdoten ranken sich um ihn, einige Länder haben ihm sogar einen Tag gewidmet.
In Frankreich ist es der 2. Februar, dort *Chandeleur* (Mariä Lichtmess) genannt, in Großbritannien, Irland, den USA, Australien oder Neuseeland der *Pancakeday*, der Faschingsdienstag. Russische Blini gehören zur *Masleniza*, einem Fest, bei dem der Winter ausgetrieben wird und das eine Woche vor der Fastenzeit beginnt. Dass man vor Beginn der Fastenzeit noch einmal richtig „zulangt" hat auch in anderen Ländern Tradition. Das signalisieren Bezeichnungen wie *Fettisdagen* in Schweden, *mardi gras* (fetter Dienstag) in Frankreich oder *martedi grasso* in Italien. Dann kommt noch mal alles auf den Tisch, worauf man in der Fastenzeit verzichten sollte: Fleisch, aber auch Schmalz, Butter und Milch.

Woher der Name Pfannkuchen stammt, ist nicht eindeutig geklärt. Schon früh haben Menschen aus Mehl und Wasser Fladen gebacken, ursprünglich benutzten sie dafür heiße Steine, Kochgeschirre wie Pfannen kennt man erst später. Das älteste überlieferte Pfannkuchenrezept aus Europa stammt aus dem 15. Jahrhundert.

Tatsache ist aber, dass man Pfannkuchen in den unterschiedlichsten Variationen fast überall auf der Welt genießen kann. Je nach den regionalen Gegebenheiten werden dafür verschiedene Getreidemehle verbacken, es gibt aber auch Rezepte mit Kastanien- oder Reismehl.

In Deutschland und Österreich sind die **Pfannkuchen** meist dicker, bestehen aus Weizenmehl, Milch und Ei und werden oft als süße Mittagsmahlzeit serviert, mit Früchten, Kompott, Quarkfüllung, mit zerlassener Butter begossen und mit Zimt und Zucker bestreut. Nach Österreich kamen die Pfannkuchen, die dort **Palatschinken** heißen, über Tschechien, wo man sie **palacinka** nennt. Dass sie eine ähnliche Pfannkuchenkultur haben, zeigen die Ungarn mit ihren **palacsinta**.

In Frankreich liebt man die zarte und hauchdünne Variante, die **Crêpe** aus Weizenmehl, die es als süße Nachspeise „Crêpe Suzette" zu Weltruhm brachte. Eher deftig werden die Buchweizen-**Galette** aus dem Norden Frankreichs oft mit Schinken, Käse oder Ei serviert.

Ähnlich wie die Crêpe sind die italienischen **Crespelle** dünn, werden aber pikant gefüllt. Zwei weitere Spezialitäten aus Italien sind bei uns weniger bekannt, aber wirklich köstlich: die ligurische **Farinata** aus Kichererbsenmehl und die toskanischen **Necci** aus Kastanienmehl. Beide genießt man zum Wein.

Die Pfannkuchenhäuser in den Niederlanden machen überdeutlich, welchen großen Stellenwert die goldbraun gebackenen Köstlichkeiten dort besitzen, entsprechend vielfältig sind die süßen und pikanten Rezeptvariationen von dicken **Pannekoeken**, dünnen **Flensjes** und den in speziellen Pfannen gebackenen **Poffertjes**.

Aus Russland kennt man die kleinen, dicken Hefepfannkuchen, die **Blini**, aus Buchweizen- oder Hirsemehl, die klassisch mit saurer Sahne und Kaviar genossen werden. Der russische Dichter Alexander Kuprin liebte sie: „Blini sind rund, heiß und schön wie die herrliche Sonne. Blini sind Erinnerung an die Opfer, die den Göttern gebracht wurden. Blini sind Symbol für Sonne, schöne Tage, gute Ernte, glückliche Ehen, gesunde Kinder …"

# Aus Pfanne und Backofen: Eierkuchen, Crêpes, Fladen

# Pfannkuchen-Lasagne

## Für 4 Portionen

**Für den Pfannkuchenteig**
100 g Dinkelmehl (Type 630)
60 g Weizenmehl
6 Eier
1/4 l Milch
1/2 TL Salz
2 EL frisch geriebener Parmesan
Butter für die Form und zum Backen

**Für den Spinat**
600 g frischer Spinat
1 TL Salz
1 fein gehackte Zwiebel
20 g Butter
80 g Frischkäse
frisch geriebene Muskatnuss
150 g geriebener Bergkäse

**Für die Béchamelsoße**
40 g Butter
3 EL Mehl
3/4 l Milch
3 EL geriebener Parmesan
frisch geriebene Muskatnuss
1/2 TL Salz

■ Das Mehl mit Eiern, Milch und Salz glatt rühren. Den Teig zugedeckt mindestens 10 Minuten kalt stellen.

■ Den Spinat waschen, putzen und in kochendem Salzwasser blanchieren. Dann abgießen, abschrecken, abtropfen lassen und grob zerkleinern. Die Zwiebel in Butter dünsten und den Spinat zugeben. Alles mit Frischkäse mischen, mit Salz, Pfeffer und Muskatnuss würzen.

■ Für die Soße Butter und Mehl hellgelb anschwitzen. Milch mit einem Schneebesen unterrühren und cremig einkochen lassen. Mit Parmesan, Muskatnuss und Salz würzen.

■ Den Backofen auf 180 °C vorheizen. Eine runde Form von Ø 28 cm dick mit Butter ausstreichen. Außerdem in einer beschichteten Pfanne Butter zerlassen.

■ Aus dem Teig 6 Pfannkuchen backen. Die Pfannkuchen in die Form schichten, abwechselnd Spinat und Bergkäse oder Béchamelsoße darauf verteilen. Die letzte Schicht ist Béchamelsoße mit dem restlichen Bergkäse.

■ Die Pfannkuchen-Lasagne im Backofen etwa 20 Minuten backen, bis der Käse goldbraun ist. In Tortenstücke schneiden und Salat dazu reichen.

## Tipp

Sie können die Zusammensetzung der Mehlsorten nach Belieben ändern. Achten Sie aber immer darauf, dass Sie Mehl mit genügend Kleberanteil verwenden. Am gängigsten ist für Pfannkuchen Weizenmehl der Type 405.

# Zitronen-Crêpes

### Für 4 Portionen

100 g Mehl
3 Eier
50 g zerlassene Butter
150 ml Milch
100 ml Wasser
50 g Puderzucker
1 Prise Salz
abgeriebene Schale von 1/2 unbehandelten Zitrone
Butterschmalz zum Backen
Puderzucker zum Bestäuben

■ Mehl, Eier, Butter, Milch, Wasser, Zucker, Salz und abgeriebene Zitronenschale verquirlen und den Teig zugedeckt etwa 15 Minuten quellen lassen.

■ Jeweils etwas Butterschmalz in einer beschichteten Pfanne zerlassen und darin nacheinander 8 sehr dünne Pfannkuchen backen. Die gebackenen Crêpes mit Alufolie abdecken und im Backofen bei 100 °C warm halten, bis alle fertig sind.

■ Die Crêpes zweimal zusammenklappen und auf Desserttellern anrichten. Mit Puderzucker bestäuben und servieren.

### Tipp

Die Crêpes vor dem Servieren mit Grand Marnier übergießen und flambieren. Dazu passt ein Kompott aus kurz in karamellisiertem Zucker gewendeten Orangenfilets.

# Galettes (Buchweizenpfannkuchen)

**Für 4 Portionen**

200 g Buchweizenmehl
1 Ei
1 TL Salz
50 g zerlassene Butter
1/2 l Wasser
Butter zum Backen und Bestreichen
8 Eier
100 g Gruyère
100 g Schinken

■ Das Mehl mit Ei, Salz, Butter und Wasser verrühren und den Teig zum Quellen zugedeckt 2 Stunden kalt stellen.

■ Den Käse reiben und den Schinken würfeln. Butter in einer beschichteten Pfanne erhitzen. Den Teig durchrühren, etwas davon in die Pfanne geben und die Crêpe von einer Seite backen. Ein Ei in eine Tasse aufschlagen. Die Crêpe wenden, mit Käse und Schinkenwürfeln bestreuen, das Ei in die Mitte geben und stocken lassen.

■ Aus dem Teig nacheinander 8 gefüllte Crêpes backen. Fertige Crêpes zu Päckchen zusammenklappen, nebeneinander auf eine Platte geben und zugedeckt im Backofen bei 100 °C warm halten.

Dazu schmeckt ein gemischter Salat.

# Dinkelliwanzen mit gemischten Beeren

Für 4 Portionen

**Für den Teig**
180 g Dinkelvollkornmehl
10 g frische Hefe
2 EL Honig
1/8 l lauwarme Milch
40 g zerlassene Butter
1 Ei
abgeriebene Schale von 1/2 unbehandelten Zitrone
Butterschmalz zum Backen

**Für die Füllung**
300 g gemischte Beeren
4 EL Cassislikör
2 EL Honig
150 g Ricotta
50 g Sahne
Saft und Schale von 1 unbehandelten Zitrone

■ Das Mehl in eine Schüssel geben, eine Vertiefung hineindrücken, die Hefe hineinbröckeln und mit Honig und etwas Milch verrühren. Den Vorteig an einem warmen Ort zugedeckt 15 Minuten gehen lassen.

■ Restliche Milch, zerlassene Butter, Ei und Zitronenschale dazugeben und alles zu einem weichen Teig verkneten. Diesen zugedeckt etwa 1 Stunde gehen lassen.

■ Die Beeren verlesen, eventuell kurz abbrausen, mit Cassis und 1 EL Honig in einer Schüssel mischen und kalt stellen. Den Ricotta mit Sahne, Zitronensaft und -schale sowie dem restlichen Honig verrühren und ebenfalls kalt stellen.

■ Aus dem Teig auf bemehlter Fläche 8 Plätzchen von Ø 8 bis 10 cm formen. Etwas Butterschmalz in einer Pfanne zerlassen, die Liwanzen darin von beiden Seiten goldgelb backen. Pro Portion 2 Liwanzen mit Ricottacreme und Beeren servieren.

# Bananenwaffeln

Für 6 Waffeln

1 unbehandelte Limette
175 g weiche Butter
120 g Zucker
1 Päckchen Vanillezucker
1/2 TL Zimt
1 Prise Salz
4 Eier
1 EL Rum
100 ml Buttermilch
200 g Dinkelmehl
1/2 TL Backpulver
2 sehr reife Bananen

■ Die Limette heiß abwaschen und trocken reiben. Die Schale fein abreiben, den Saft auspressen.

■ Die Butter mit Zucker, Vanillezucker, Zimt und Salz schaumig rühren, dann die Eier darunterschlagen.

■ Rum, Buttermilch, Mehl, Backpulver, Limettenschale und -saft dazugeben. Die Bananen mit einer Gabel zerdrücken und ebenfalls dazugeben. Alles locker vermengen.

■ Ein Waffeleisen vorheizen und mit Butter ausstreichen. Jeweils einen Schöpflöffel Teig in das Waffeleisen geben und backen. Fertige Waffeln im Backofen warm halten.
Die Waffeln mit Schokoladensoße oder mit steif geschlagener Limetten-Sahne servieren.

# Topfenpalatschinken mit Erdbeeren

### Für 4 Portionen

**Für den Teig**
30 g Weizenmehl
30 g Dinkelmehl (Type 630)
100 ml Milch
50 g Sahne
2 Eier
1 Prise Salz
1 EL Zucker
1 EL zerlassene Butter
Butterschmalz zum Backen
Puderzucker zum Bestäuben

**Für die Füllung**
200 g Erdbeeren
250 g Topfen (40 % Fett i.Tr.)
2 EL Sahne
40 g Zucker
1 Päckchen Bourbon-Vanillezucker
abgeriebene Schale von 1/2 unbehandelten Zitrone

In Russland kennt man diese schmackhaften Pfannkuchen als Blintschiki.

■ Die Zutaten für den Teig verquirlen und 1 Stunde kalt stellen.

■ Dann jeweils etwas Butterschmalz in einer beschichteten Pfanne zerlassen und aus dem Teig nacheinander 4 Pfannkuchen backen. Bereits fertige Pfannkuchen im Backofen bei 100 °C zugedeckt warm halten.

■ Die Erdbeeren eventuell kurz abbrausen, dann die Kelche entfernen und die Beeren in kleine Stücke schneiden. Den Topfen mit Sahne, Zucker, Vanillezucker und Zitronenschale verrühren, die Erdbeerstücke unterheben.

■ Die heißen Pfannkuchen mit dieser Füllung bestreichen und aufrollen oder die Enden zusammenfassen und die Palatschinken zu Päckchen zusammenbinden.

### Tipp

Alternativ kann man die Topfenpalatschinken auch überbacken. Dafür die aufgerollten Pfannkuchen in eine gefettete längliche Form legen. 1/4 l Milch mit 2 Eiern und 2 EL Vanillezucker verquirlen. Die Eiermilch über die Pfannkuchen gießen und diese im Backofen bei 180 °C etwa 30 Minuten backen, bis die Eiermilch gestockt ist.

# Blini

## Variation

Für süße Zaren-Blini 200 g geklärte Butter mit 200 g Rohrohrzucker und 6 Eigelben verrühren. 250 g Sahne mit 100 g Buchweizenmehl dick einkochen lassen, abgekühlt mit der Buttermischung und 2 EL Orangenlikör mischen. Restliche Sahne steif schlagen und unter den Teig heben. Wie beschrieben daraus Blini backen. Die fertigen Blini mit Zucker bestreuen und Konfitüre dazu reichen. Das sollten Sie unbedingt einmal versuchen!

### Für 20 Stück

- 250 g Buchweizenmehl
- 10 g Hefe
- 1/2 TL Zucker
- 400 ml lauwarme Milch
- 1/2 TL Salz
- 2 EL Butter
- 1 Ei
- Butterschmalz zum Backen
- Saure Sahne
- Kaviar
- Räucherlachs

Die Rezeptmenge reicht als Hauptgericht für 4, als Vorspeise für 8 bis 10 Portionen.

■ Mehl, Hefe und Zucker mit 300 ml warmer Milch zu einem glatten Teig verrühren, diesen etwa 1 Stunde zugedeckt gehen lassen.

■ Die restliche Milch mit Salz und Butter erhitzen, dann lauwarm abkühlen lassen. Das Ei trennen. Eigelb und Milch unter den Teig rühren, diesen eine weitere Stunde zugedeckt gehen lassen.

■ Eiweiß steif schlagen und unter den Teig heben. Butterschmalz in einer Pfanne zerlassen. Mit einem Schöpflöffel Teigfladen von etwa Ø 8 cm in die Pfanne setzen und darin von beiden Seiten backen. Klassisch mit saurer Sahne, Kaviar und Räucherlachs servieren. Aber auch mit Zimt und Zucker sowie Früchten schmecken die Blini köstlich.

# Apfelschmarrn

### Tipp

Wenn Sie den Schmarrn ohne Äpfel zubereiten, können Sie jede Art von Kompott oder Preiselbeeren dazu reichen.

### Für 4 Portionen

2 Äpfel (z. B. Boskop)
70 g Rosinen
2 EL Rum
6 Eier
1/2 l Milch
1 Päckchen Bourbon-Vanillezucker
2 EL Zucker
250 g Weizenmehl
1 Prise Salz
Butterschmalz zum Backen
Puderzucker zum Bestäuben

■ Die Äpfel schälen, vierteln und die Kerngehäuse entfernen. Die Apfelspalten nochmals längs halbieren, dann in feine Scheibchen schneiden.

■ Die Rosinen abbrausen, gut abtropfen lassen, dann mit dem Rum vermischen und quellen lassen. Wenn Kinder mitessen, den Rum durch Apfelsaft ersetzen.

■ Den Backofen auf 200 °C vorheizen. Die Eier trennen. Die Eigelbe mit der Milch und dem Zucker verquirlen. Das Mehl esslöffelweise unterrühren. Die Eiweiße mit dem Salz steif schlagen und mit den Rosinen und den Apfelstücken unter den Teig heben.

■ Eine Pfanne mit ofenfesten Griffen mit Butterschmalz ausstreichen. Den Teig hineinfüllen und im Backofen etwa 20 Minuten backen.

■ Den Pfannkuchen auf den Herd stellen, wenden und bei mittlerer Hitze bräunen. Den Teig in Stücke reißen, mit Puderzucker bestäuben und servieren.

# Pancakes mit Heidelbeeren

Für 4 Portionen

2 Eier
60 g Dinkelvollkornmehl
60 g Weizenmehl
1 EL Ahornsirup
150 ml Buttermilch
1 Prise Salz
1 TL Backpulver
150 g Heidelbeeren

■ Die Eier trennen. Mehl, Ahornsirup, Salz, Eigelb und Buttermilch zu einem glatten Teig verrühren und etwa 30 Minuten quellen lassen. Eiweiß mit Salz zu festem Schnee schlagen, mit Backpulver und Heidelbeeren unter den Teig ziehen.

■ Butterfett in einer Pfanne erhitzen, aus dem Teig kleine, dicke Pfannkuchen backen, mit Ahornsirup beträufeln, mit Puderzucker bestäuben und servieren.

Butterfett zum Backen
Ahornsirup
Puderzucker zum Bestäuben

# Poffertjes

**Für 6 Portionen**

125 g Weizenmehl
125 g Buchweizenmehl
200 ml lauwarme Milch
200 ml lauwarme Buttermilch
5 g Trockenhefe
1 Prise Salz
zerlassene Butter zum Backen und Bestreichen
Puderzucker zum Bestreuen

Diese köstlichen kleinen Kuchen werden in den Niederlanden in einer speziellen Pfanne, der Poffertjespan, gebacken. Sie gelingen aber auch in einer normalen Pfanne oder im Backofen in Muffinformen.

■ Das Mehl mit dem Salz und der Trockenhefe in einer Schale verrühren. Die lauwarme Milch und Buttermilch darunterrühren, der Teig sollte dickflüssig sein. Den Teig zugedeckt etwa 30 Minuten gehen lassen.

■ Eine Poffertjespan auf dem Herd erhitzen und in jede Mulde etwas Butter geben. Dann mit einem Löffel den Teig in die Mulden füllen. Die Küchlein auf der einen Seite nur kurz backen, dann mit einer Gabel umdrehen. Innen sollten sie noch nicht ganz durch sein.

■ Die fertigen Poffertjes auf einen Teller geben, mit der zerlassenen Butter bestreichen und dick mit Puderzucker bestreuen, warm servieren.

**Tipp**

Wenn keine Kinder mitessen, können Sie die Pfannkuchen mit Cointreau übergießen und flambieren.

# Apfelschmarrn

### Tipp

Wenn Sie den Schmarrn ohne Äpfel zubereiten, können Sie jede Art von Kompott oder Preiselbeeren dazu reichen.

### Für 4 Portionen

2 Äpfel (z. B. Boskop)
70 g Rosinen
2 EL Rum
6 Eier
1/2 l Milch
1 Päckchen Bourbon-Vanillezucker
2 EL Zucker
250 g Weizenmehl
1 Prise Salz
Butterschmalz zum Backen
Puderzucker zum Bestäuben

■ Die Äpfel schälen, vierteln und die Kerngehäuse entfernen. Die Apfelspalten nochmals längs halbieren, dann in feine Scheibchen schneiden.

■ Die Rosinen abbrausen, gut abtropfen lassen, dann mit dem Rum vermischen und quellen lassen. Wenn Kinder mitessen, den Rum durch Apfelsaft ersetzen.

■ Den Backofen auf 200 °C vorheizen. Die Eier trennen. Die Eigelbe mit der Milch und dem Zucker verquirlen. Das Mehl esslöffelweise unterrühren. Die Eiweiße mit dem Salz steif schlagen und mit den Rosinen und den Apfelstücken unter den Teig heben.

■ Eine Pfanne mit ofenfesten Griffen mit Butterschmalz ausstreichen. Den Teig hineinfüllen und im Backofen etwa 20 Minuten backen.

■ Den Pfannkuchen auf den Herd stellen, wenden und bei mittlerer Hitze bräunen. Den Teig in Stücke reißen, mit Puderzucker bestäuben und servieren.

# Clafoutis mit Kirschen

### Für 4 Portionen

700 g süße Kirschen
4 Eier
80 g Zucker
50 g Weizenmehl
300 ml Milch
abgeriebene Schale von 1/2 unbehandelten Zitrone
1 Prise Salz
Butter und Semmelbrösel für die Form
Mandelblättchen zum Bestreuen

■ Die Kirschen waschen und entsteinen. Den Backofen auf 200 °C vorheizen. Eine Form mit Butter ausstreichen und mit Semmelbröseln ausstreuen. Die Kirschen darin verteilen.

■ Die Eier trennen. Die Eigelbe mit Zucker, Mehl, Milch und Zitronenschale verrühren. Die Eiweiße mit dem Salz steif schlagen und unter den Teig heben. Den Eierteig über den Kirschen verteilen und glatt streichen.

■ Das Clafoutis im Backofen etwa 40 Minuten backen, bis die Oberfläche goldbraun ist. Dann herausnehmen, etwas abkühlen lassen und mit Puderzucker bestäubt servieren. Dazu passt Vanillesoße.

# Blintschiki mit Creme

Für 6–8 Portionen

**Für den Teig**
2 Eier
1 EL zerlassene Butter
1 Prise Salz
1 EL Zucker
250 g Mehl
700 ml Milch
Butterschmalz zum Backen und für die Form
Zucker für die Form

■ Die Zutaten für den Teig verrühren und diesen etwa 15 Minuten zugedeckt quellen lassen. Dann Butterschmalz in einer Pfanne (Ø 28 cm) zerlassen und aus dem Teig nacheinander dünne Pfannkuchen backen. Eine Auflaufform von Ø 28 cm mit Butterschmalz ausstreichen und mit Zucker ausstreuen. Den Backofen auf 200 °C vorheizen.

■ 4 Eigelbe mit Zucker und Zitronenschale cremig aufschlagen, die saure Sahne unterrühren. Die Pfannkuchen in die Form schichten, dabei immer mit einer dünnen Schicht Creme bestreichen. Die letzte Schicht ist ein Pfannkuchen. Das übrige Eigelb mit der Milch verquirlen und den obersten Pfannkuchen damit bestreichen. Die Torte 20 bis 30 Minuten backen.

■ Die Pfannkuchentorte in Stücke schneiden und mit Fruchtaufstrich, Beerenkompott oder Apfelmus servieren.

**Für die Creme**
5 Eigelb
100 g Zucker
1 Päckchen Bourbon-Vanillezucker
1 TL abgeriebene unbehandelte Zitronenschale
150 g saure Sahne
1 EL Milch

# Pfannkuchen-Lollies

### Tipp

Statt mit Möhrensaft schmecken die Crêpes auch mit Rote-Bete-Saft. Sie können auch eine pürierte, gekochte Rote-Bete-Knolle unter den Teig mischen. Wenn die Lollies süß gefüllt werden, färben Sie den Teig mit Johannisbeersirup. Als Füllung eignet sich entweder eine süße Quark- oder Mascarponecreme oder püriertes Obst.

### Für 5 Portionen

**Für die Spinatcrêpes**
100 g Blattspinat
100 ml Milch
1 Ei
50 g Mehl
Salz

**Für die Möhrencrêpes**
100 ml Möhrensaft
1 Ei
50 g Mehl
Salz

100 g Frischkäse mit Joghurt zum Füllen
Butterschmalz zum Backen

■ Für die Spinatcrêpes den Spinat waschen, putzen und grob zerkleinern. Mit der Milch erwärmen und 10 Minuten ziehen lassen. Die Spinatmilch pürieren und mit Ei und Mehl verquirlen. Den Teig mit Salz würzen und 10 Minuten quellen lassen.

■ Für die Möhrencrêpes den Saft mit Ei und Mehl verquirlen, salzen und 10 Minuten quellen lassen.

■ Etwas Butterschmalz in einer beschichteten Pfanne zerlassen und aus den Teigen dünne Crêpes backen. Die fertigen Crêpes auf eine Platte legen und abkühlen lassen, mit Frischhaltefolie abdecken.

■ Den Frischkäse in einer Schüssel cremig rühren. Die Pfannkuchen nacheinander dünn damit bestreichen und fest aufrollen. Die Rollen in Frischhaltefolie wickeln und mindestens 1 Stunde kalt stellen.

■ Die Rollen in etwa 2 cm dicke Stücke schneiden und je 5 Röllchen auf einen Schaschlikspieß stecken. Die Lollies in Gläsern anrichten.

# Grießschnitten

Für 4 Portionen

400 ml Milch
80 g Butter
1 Prise Salz
120 g weiße Polenta oder Weizengrieß
2 Päckchen Bourbon-Vanillezucker
1 Ei
abgeriebene Schale von 1/2 unbehandelten Zitrone
Butterschmalz zum Backen
Zimt und Zucker zum Bestreuen

■ Milch, Butter und Salz in einem Topf erwärmen. Den Grieß dazugeben, aufkochen, dann bei schwacher Hitze ausquellen lassen. Das Ei und die Zitronenschale unter die lauwarme Grießmasse rühren.

■ Ein Blech oder eine Form einfetten. Die Grießmasse daraufstreichen und völlig erkalten lassen, dann mit einem Messer in Quadrate oder Rechtecke schneiden.

■ Butterschmalz in einer Pfanne zerlassen, die Schnitten darin von beiden Seiten goldbraun braten, mit Zimt und Zucker bestreuen und servieren.

# Madeleines

Für 12 Stück

3 Eier
100 g Zucker
1 Päckchen Bourbon-Vanillezucker
1 Prise Salz
100 g Mehl
100 g gemahlene Mandeln
130 g zerlassene Butter
1 EL Orangenblütenwasser
zerlassene Butter und Semmelbrösel für die Formen

Marcel Proust widmet in seinem Werk „Unterwegs zu Swann" einige Abschnitte den Madeleines: „… In der Sekunde nun, da dieser mit den Gebäckkrümeln gemischte Schluck Tee meinen Gaumen berührte, zuckte ich zusammen und war wie gebannt durch etwas Ungewöhnliches, das sich in mir vollzog. Ein unerhörtes Glücksgefühl (…) hatte mich durchströmt. (…) Und mit einem Mal war die Erinnerung da. Der Geschmack war der jenes kleinen Stücks einer Madeleine, das mir am Sonntagmorgen meine (…) meine Tante Léonie anbot, nachdem sie es in ihren schwarzen oder Lindenblütentee getaucht hatte."

■ Eier, Zucker und Salz schaumig rühren. Dann Mehl, Mandeln, zerlassene Butter und Orangenblütenwasser unterrühren. Den Backofen auf 200 °C vorheizen.

■ Madeleineförmchen mit Butter ausstreichen und mit Bröseln ausstreuen. Den Teig in die Förmchen einfüllen und die Madeleines in etwa 12 Minuten goldgelb backen.

Tipp

Gerne isst man die Madeleines auch gefüllt. Dafür die Form nur zur Hälfte mit Teig füllen, dann 1 TL Orangenmarmelade daraufgeben, mit Teig bedecken und backen. Statt Orangenmarmelade schmecken auch Füllungen aus Marzipan oder Nüssen.

# Mazurek – Polnisches Mandelgebäck

FÜR 1 BACKBLECH

5 hart gekochte Eier
je 200 g Weizen- und Dinkelmehl
250 g Rohrohrzucker
1 Prise Salz
Mark von 1 Vanilleschote
200 g Butter
1 Ei
2 EL Sahne
50 g Puderzucker
100 g gemischte getrocknete Früchte
150 g Mandelblättchen

Dieser flache Kuchen wird traditionell am Ostersonntag auf den Tisch gebracht oder verschenkt, aber nur, wenn er zuvor in der Kirche gesegnet wurde. Die Verzierung besteht oft aus Trockenfrüchten und Nüssen – es gibt aber viele Varianten.

■ Die Eigelbe aus dem Eiweiß lösen, durch ein Sieb drücken und mit Mehl, Zucker, Salz, Vanillemark und Butter zu einem Mürbteig verkneten. Den Teig in Folie wickeln und 1 Stunde kalt stellen. Die Eiweiße für ein anderes Gericht verwenden.

■ Den Backofen auf 180 °C vorheizen. Ein Backblech mit Backpapier auslegen. Den Teig ausrollen und auf das Backblech legen. Ei, Sahne und Puderzucker verrühren, den Teig damit bestreichen, mit einer Gabel einstechen. Die Trockenfrüchte fein zerkleinern und mit den Mandelblättchen auf dem Teig verteilen. Die Mazurek etwa 20 Minuten backen, dann in Streifen schneiden.

# Grießschmarrn

FÜR 4 PORTIONEN

1/2 l Milch
1 Prise Salz
200 g Grieß
Butter zum Backen

Dieses Rezept stammt von Susanne Derflinger. Die Österreicherin lebt seit vielen Jahren in Bayern. Mehlspeisen stehen bei ihr und ihren inzwischen erwachsenen Kindern hoch im Kurs. Wenn diese ihre Mutter besuchen, wünschen sie sich immer eine süße Mahlzeit.

■ Milch mit Salz aufkochen, den Grieß unter ständigem Rühren untermengen und bei schwacher Hitze ausquellen lassen. Den Topf vom Herd nehmen und die Grießmasse abkühlen lassen.

■ Butter in einer Pfanne erhitzen, die Grießmasse darin anrösten, in Stücke reißen und mit Zimt und Zucker oder Puderzucker bestäubt servieren. Dazu gibt es Zwetschgenröster oder Apfelmus.

# Farinata – Genueser Kichererbsenfladen

### Tipp

Sie können den Teig mit frischen gehackten Kräutern, gehackten schwarzen Oliven und/oder zerkleinerten eingelegten getrockneten Tomaten würzen. Ebenfalls gut schmeckt es, wenn sie den heißen Fladen mit feinen Spänen von Parmesan bestreuen.

### Für 4 Portionen

400 g Kichererbsenmehl
1 1/2 l Wasser
4 EL Olivenöl extra vergine
Salz, Pfeffer

Die „Farinata" zählt zu den ältesten Gerichten Italiens. Der Legende nach sollen römische Soldaten sie auf einem Schild aus Kichererbsenmehl und Wasser zubereitet haben. Nachgewiesen ist, dass die Farinata im Mittelmeerraum zu dieser Zeit bereits bekannt war.

■ Das Kichererbsenmehl in einer großen Schüssel mit dem Wasser verrühren, bis ein geschmeidiger Teig ohne Klümpchen entstanden ist. Den Teig zugedeckt über Nacht stehen lassen.

■ Am nächsten Tag den Schaum von dem Teig abschöpfen. Den Backofen auf 200 °C vorheizen. Eine Kupferform oder ein Backblech mit dem Öl bestreichen. Den Teig darauf glatt streichen. Er sollte an der Oberfläche mit Öl bedeckt sein. Die Farinata im Backofen etwa 30 Minuten backen, dann herausnehmen, mit Salz und Pfeffer bestreuen und mit einem Glas Wein genießen.

# Locker und luftig: Omelette, Soufflé und Pudding

# Pfefferminzomelette mit Himbeeren

Für 4 Portionen

5–6 Blättchen frische Minze
400 g Himbeeren
3 EL Puderzucker
8 große Eier
2 EL Zucker
1 Prise Salz
Butterschmalz zum Backen
Puderzucker zum Bestäuben

■ Die Minze waschen, trocken schütteln und sehr fein zerkleinern. Die Himbeeren verlesen und mit dem Puderzucker bestäuben.

■ Den Backofen auf 100 °C vorheizen. Die Eier trennen. Die Eigelbe mit dem Zucker und den zerkleinerten Minzeblättchen verrühren. Das Eiweiß mit Salz schnittfest schlagen und unter die Eigelbmasse heben.

■ Butterschmalz in einer Pfanne erhitzen und darin nacheinander bei mittlerer Hitze 4 Omelettes backen. Die fertigen Omelettes zugedeckt warm halten. Mit den Himbeeren auf Tellern anrichten und mit Puderzucker bestäuben.

# Nussomelette mit karamellisierten Birnen

Für 4 Portionen

2 Birnen
1 EL Butter
2 EL Zucker
6 Eier
70 g Rohrohrzucker
1 Prise Salz
1 EL Zitronensaft
50 g zerlassene Butter
100 g gemahlene Mandeln
4 EL Dinkelmehl
Butterschmalz zum Backen
Zimt und Puderzucker zum Bestäuben

■ Die Birnen waschen, schälen und achteln, dabei das Kerngehäuse entfernen. Butter und Zucker in einer Pfanne hellgelb karamellisieren, die Birnenspalten darin kurz dünsten.

■ Den Backofen auf 100 °C vorheizen. Die Eier trennen. Die Eigelbe mit dem Zucker verrühren. Die Eiweiße mit dem Salz und dem Zitronensaft steif schlagen. Den Eischnee mit Butter, Mandeln und Dinkelmehl unter die Eigelbmasse heben.

■ Butterschmalz in einer Pfanne zerlassen. Aus dem Teig nacheinander 4 Omelettes backen, fertige Omelettes zugedeckt im Backofen warm halten. Die Omelettes mit den Birnenspalten anrichten und mit Zimt und Puderzucker bestäuben.

# Mohr im Hemd

### Tipp

Sehr fein schmeckt es auch, wenn Sie die steif geschlagene Sahne mit 2 bis 3 EL Holunderblütensirup vermischen.

### Für 4 Portionen

100 g Zartbitterschokolade
6 Eier
100 g Rohrohrzucker
1 Prise Salz
100 g gemahlene Mandeln
50 g Biskuitbrösel
Butter und Zucker für die Formen
200 g Sahne
1 Päckchen Bourbon-Vanillezucker

■ Die Schokolade über dem heißen Wasserbad schmelzen lassen. Die Eier trennen. Die Eigelbe mit dem Zucker schaumig rühren. Die Eiweiße mit dem Salz steif schlagen. Die Schokolade unter die Eigelbmasse ziehen, dann Eiweiße, Nüsse und Brösel unterheben.

■ Den Backofen auf 170 °C vorheizen, eine große, flache Form mit Wasser (3 bis 4 cm hoch) hineinstellen. Formen von Ø 6 bis 8 cm mit Butter ausstreichen und mit Zucker ausstreuen. Die Schokoladenmasse darin verteilen. Die Formen mit Alufolie schließen und in das Wasserbad setzen. Den Schokoladenpudding im Backofen etwa 35 bis 40 Minuten garen.

■ Den fertigen Pudding aus dem Ofen nehmen und kurz in der Form abkühlen lassen. Inzwischen die Sahne mit dem Vanillezucker halb steif schlagen. Den Pudding auf Dessertteller stürzen und mit der Sahne übergießen. Nach Belieben mit Minze, Zitronenmelisse und Früchten garnieren.

# Mascarponesoufflé mit Orangen

Für 4 Portionen

3 unbehandelte Orangen
3 Eier
2 EL Lavendelhonig
60 g Quark
60 g Mascarpone
Butter und Zucker für die Formen

■ Den Backofen auf 170 °C vorheizen und eine große, flache Form mit Wasser (3 bis 4 cm hoch) hineinstellen. Von einer Orange die Schale fein abreiben. Die Orangen dann schälen und die Filets aus den Häuten lösen, den Saft dabei auffangen. Einige Filets klein hacken.

■ Die Eier trennen. Die Eigelbe mit dem Honig, dem Quark und dem Mascarpone verrühren. Die Eiweiße mit etwas Orangensaft steif schlagen und mit den klein gehackten Orangenfilets unter die Quarkcreme heben.

■ Formen mit Butter ausstreichen und mit Zucker ausstreuen. Die Masse einfüllen, die Formen in das heiße Wasserbad stellen und darin in etwa 30 Minuten garen. Mit den restlichen Orangenfilets anrichten.

# Heidelbeersoufflé

Für 4 Portionen

400 g Heidelbeeren
120 g Puderzucker
2 Eier
1 Eiweiß
Saft und abgeriebene Schale von 1/2 unbehandelten Zitrone
Butter und Zucker für die Formen
Puderzucker zum Bestreuen

■ Die Heidelbeeren verlesen. Etwa 100 g zum Dekorieren beiseite legen. Die restlichen Beeren pürieren und durch ein Sieb streichen. Das Püree mit der Hälfte des Zuckers schaumig aufschlagen.

■ Die Eier trennen. Die Eigelbe mit dem restlichen Zucker cremig rühren, mit dem Fruchtpüree mischen. Die Eiweiße mit dem Zitronensaft und der -schale schnittfest schlagen, unter die Eiercreme ziehen.

■ Den Backofen auf 200 °C vorheizen. Eine große, flache Form mit Wasser (3 bis 4 cm hoch) hineinstellen. Souffléformen von ca. Ø 6 cm mit Butter ausstreichen und mit Zucker ausstreuen. Die Masse einfüllen. Die Soufflés im Backofen etwa 30 Minuten backen.

■ Vor dem Stürzen kurz ruhen lassen, dann noch warm mit den restlichen Heidelbeeren anrichten und mit Puderzucker bestäubt servieren.

# Spanische Kartoffelfrittata

### Tipp

Für eine Frittata eignen sich alle möglichen Gemüsesorten. Wenn das Gemüse eine lange Garzeit hat, müssen Sie es vorher in etwas Olivenöl andünsten. Versuchen Sie statt der Paprikaschoten einmal eine Kombination aus weißem und grünem Spargel oder aus gehackten Walnüssen und Lauch.

### Für 1 Backblech

1 kg festkochende Kartoffeln
2 Bund Frühlingszwiebeln
je 1 rote und gelbe Paprikaschote
2 Knoblauchzehen
3–4 EL Olivenöl
1 TL Salz
Pfeffer
12 Eier
6 EL Mehl
300 g Sahne
100 g geriebener Manchego-Käse

■ Die Kartoffeln waschen, schälen und grob raspeln. Die Frühlingszwiebeln waschen, putzen und fein zerkleinern. Die Paprikaschoten waschen, putzen und klein würfeln. Den Knoblauch schälen und durchpressen.

■ Das Öl in einer Pfanne mit hohem Rand erhitzen, zuerst die Kartoffeln 5 Minuten braten, dann das restliche Gemüse dazugeben und alles weitere 5 Minuten dünsten. Mit Salz und Pfeffer würzen.

■ Ein Backblech mit Backpapier auslegen und das Gemüse darauf verteilen, die Hälfte des Manchego-Käses darüberstreuen. Den Backofen auf 180 °C vorheizen.

■ Die Eier mit Mehl, Sahne und dem restlichen Käse verquirlen und diese Masse über dem Gemüse verteilen. Die Frittata im Backofen etwa 30 Minuten garen, dann herausnehmen und in Quadrate schneiden. Dazu schmeckt ein gemischter Blattsalat.

# Omeletteroulade mit Gemüsecreme

Für 6–8 Portionen

**Für das Omelette**
700 g tiefgekühlter Blattspinat
100 g Vollkornbrot (oder Semmelbrösel)
2 EL Olivenöl
1 TL Salz
50 g geriebener Parmesan
4 Eier
Pfeffer
frisch geriebene Muskatnuss

**Für die Füllung**
30 g Pinienkerne
1/2 rote Paprikaschote
1 getrocknete Chilischote
120 g Ricotta
1 Eigelb
1/2 TL Salz
1/2 EL Mehl
30 g geriebener Parmesan
50 g Comté oder ein anderer würziger Käse

■ Den Spinat auftauen lassen. Brot in Würfel schneiden und mit 80 ml kochendem Wasser übergießen. Den Spinat in Olivenöl dünsten, bis die Flüssigkeit verdampft ist, abkühlen lassen und mit Salz und Parmesan würzen. Mit dem eingeweichten Brot mischen und alles fein pürieren.

■ Den Backofen auf 200 °C vorheizen. Ein Backblech mit Backpapier auslegen. Die Eier trennen. Die Eigelbe unter die Spinatmasse rühren, die Masse mit Salz, Pfeffer und Muskatnuss würzen. Die Eiweiße steif schlagen und unterheben. Die Masse auf das Backblech streichen und etwa 15 Minuten backen.

■ Die Pinienkerne in einer Pfanne ohne Fett hellgelb rösten. Die Paprikaschote schälen, putzen, in Stücke schneiden und pürieren. Die Chilischote zerreiben und dazugeben. Ricotta, Quark, Ei, Parmesan und Paprikapüree verrühren.

■ Die Spinatplatte aus dem Backofen nehmen, auf ein Küchentuch stürzen und das Backpapier vorsichtig abziehen. Die Teigplatte mit dem Paprikapüree bestreichen und mit den Pinienkernen bestreuen. Die Platte mit Hilfe des Küchentuchs aufrollen.

■ Das Backblech mit einem frischen Backpapier auslegen, die Rolle vorsichtig daraufsetzen, mit Käse bestreuen und nochmals etwa 15 Minuten backen. Herausnehmen, in Scheiben schneiden, mit Käsesoße und Tomatensalat servieren.

Tipp

Die Roulade ist natürlich ein echter Hingucker auf dem Büffet. Allerdings lässt sie sich nur schwer rollen. Wenn Sie nicht so geübt sind, schneiden Sie die Teigplatte einfach in zwei gleiche Teile, bestreichen einen Teil mit der Füllung und setzen die zweite Teigplatte oben drauf. Mit Käse bestreuen und fertig backen.

# Russischer Sauerkirschpudding

### Tipp

Je nach Saison können Sie zu dem Pudding Beeren-, Pfirsich-, Aprikosen- oder Birnenkompott reichen.

### Für 6 Portionen

1 Vollkornbrötchen (50 g)
5 Eier
220 g Rohrohrzucker
50 g gemahlene Mandeln
6 EL Mehl
1 Prise Salz
1 TL Zimt
1/2 TL Kardamom
600 g entsteinte Sauerkirschen
30 g Butter
200 ml Portwein
1 TL Speisestärke
1 Stück unbehandelte Zitronenschale
1 Stück Zimtstange
2 Gewürznelken
Butter und Zucker für die Formen
Puderzucker zum Bestäuben

■ Das Brötchen fein zerkleinern. Die Eier trennen. Die Eigelbe mit 180 g Zucker schaumig aufschlagen, Mandeln, Mehl und Gewürze unterrühren. Die Eiweiße mit Salz steif schlagen. Mit 400 g Kirschen unter die Eigelbmasse heben.

■ Den Backofen auf 200 °C vorheizen. Eine große, flache Form mit Wasser (3 bis 4 cm hoch) hineinstellen. Formen von etwa Ø 8 cm mit Butter ausstreichen und mit Zucker ausstreuen. Die Masse einfüllen und die Formen mit Alufolie verschließen. Den Pudding etwa 30 Minuten garen.

■ Für die Soße den restlichen Zucker mit der Butter karamellisieren. Den Portwein mit der Speisestärke verrühren, dazugeben, Gewürze hinzufügen und die Soße dicklich einkochen lassen. Zum Schluss die Kirschen dazugeben und kurz mitkochen lassen. Die Soße beiseite stellen, die Gewürze wieder entfernen.

■ Den fertigen Pudding aus der Form lösen, mit der Soße auf Tellern anrichten und mit Puderzucker bestäubt servieren.

# Spanischer Maronenpudding

**Für 6 Portionen**

3 Eier
180 g Rohrohrzucker
100 g Sahne
50 g Butter
400 g Maronenpüree
Saft und abgeriebene Schale von 1 unbehandelten Orange
2 EL Orangenlikör
Salz
kandierte Orangenscheiben

■ Den Backofen auf 180 °C vorheizen. Eine große, flache Form mit Wasser (3 bis 4 cm hoch) hineinstellen. 6 Formen von etwa Ø 6 cm mit Butter ausstreichen und mit Zucker ausstreuen.

■ Die Eier trennen, die Eigelbe mit dem Zucker cremig aufschlagen. Sahne und Butter erwärmen, bis die Butter geschmolzen ist. Die Masse vom Herd nehmen, das Maronenpüree, Orangenschale und -saft sowie den Likör darunterrühren. Die Eigelbmasse hinzufügen. Die Eiweiße mit Salz zu steifem Schnee schlagen und unterheben.

■ Die Masse in die Formen füllen, diese mit Alufolie verschließen, in das Wasserbad setzen und den Pudding etwa 40 Minuten garen. Den fertigen Pudding auf Teller stürzen und mit kandierten Orangenscheiben garnieren. Dazu passt Vanille- oder Karamellsoße.

# Brotpudding mit Aprikosen

**Für 4 Portionen**

1/2 l Milch
4 Brötchen vom Vortag
80 g getrocknete Aprikosen
3 Eier
150 g Zucker
60 g Butter
100 g gehackte Walnusskerne
1 Prise Salz
Butter und Zucker für die Form

■ Die Milch erhitzen. Die Brötchen würfeln, mit der Milch begießen und einweichen lassen. Die Aprikosen fein zerkleinern. Eine Puddingform mit Butter ausstreichen und mit Zucker ausstreuen.

■ Den Backofen auf 180 °C vorheizen. Eine große, flache Form mit Wasser (3 bis 4 cm hoch) hineinstellen. Die Eier trennen. Die Eigelbe mit dem Zucker und der Butter schaumig rühren. Die Eigelbmasse mit Aprikosen, Nüssen, sowie den ausgedrückten Brötchen vermengen. Die Eiweiße mit 1 Prise Salz steif schlagen und unter die Brötchenmasse heben.

■ Die Masse in die Form geben, diese verschließen. Den Pudding im Wasserbad im Backofen etwa 45 Minuten garen. Dazu passen Vanillesoße und Aprikosenkompott.

# Salzburger Nockerl

Für 4 Portionen

20 g Butter
1/8 l Milch
1 Päckchen Bourbon-Vanillezucker
2 Eier
4 Eiweiß
1 Prise Salz
80 g Zucker
30 g Speisestärke
abgeriebene Schale von 1/2 unbehandelten Zitrone
300 g Erdbeeren
50 g Zucker

■ Den Backofen auf 200 °C vorheizen. Butter, Milch und Vanillezucker verrühren, in eine Auflaufform geben und in den Backofen stellen.

■ Die Eier trennen. Alle Eiweiße mit Salz und Zucker cremig aufschlagen. Die Eigelbe verquirlen. Die Speisestärke auf die Eiweißmasse sieben, Eigelbe und Zitronenschale daraufgeben und alles locker vermengen.

■ Aus der Masse große Nockerl formen und diese in die Form setzen. Die Nockerl mit Teigkarten zu Pyramiden aufhäufen und im Backofen in etwa 9 Minuten goldgelb backen.

■ Die Erdbeeren putzen, mit dem Zucker pürieren und zu den Nockerln reichen.

# Hirsesoufflé mit Brombeeren

Für 6–8 Portionen

80 g Butter
80 g Hirsemehl
3 Eiweiß
125 g Sahne
100 g gemahlene Pistazien
Mark von 1 Vanilleschote
2 Eier
70 g Rohrohrzucker
2 TL Zitronensaft
Butter und Zucker für die Formen

300 g Brombeeren
2 EL Puderzucker
2 EL Brombeerlikör

■ Den Backofen auf 200 °C erhitzen. Eine große, flache Form mit Wasser (3 bis 4 cm hoch) hineinstellen. Die Butter in einem Topf zerlassen, das Hirsemehl einrühren und vom Herd nehmen. 1 Eiweiß, Sahne, Pistazien und Vanillemark darunterrühren.

■ Die Eier trennen. Die Eigelbe mit dem Zucker cremig aufschlagen. Die restlichen Eiweiße mit dem Zitronensaft steif schlagen. Die Eigelbmasse mit dem Hirsebrei verrühren, den Eischnee unterziehen.

■ Formen von etwa Ø 6 cm mit Butter ausstreichen und mit Zucker ausstreuen. Die Soufflémasse hineinfüllen und etwa 25 Minuten backen.

■ Die Brombeeren verlesen, mit Puderzucker und Likör mischen. Die Soufflés mit den Brombeeren auf Tellern anrichten.

# Topfensoufflé

Herbert Becker kocht mit Leib und Seele und die vielen Stammgäste seiner Familienpension in Pettneu (Tirol) wissen das zu schätzen. Schließlich hat er in den ersten Häusern gekocht: Gelernt hat er im „Hospiz" im nahegelegenen St. Christoph, einer Nachbargemeinde des bekannten Wintersportortes St. Anton. Weitere Stationen seiner Ausbildung waren das „Waldhorn" in Ravensburg, die „Ente vom Lehel" in Wiesbaden, das „Bareis" in Baiersbronn, das „Hotel Bär" in Ellmau und das „Vitalhotel Royal" in Seefeld. Danach kehrte er als Küchenchef zurück ins „Hospiz", bevor er die Küche in der elterlichen Pension „Angelika" übernahm. Seine Küche ist heimatverbunden, bodenständig und authentisch, weshalb er auch nur heimische Produkte aus dem saisonalen Angebot verwendet: Ein echter Geheimtipp!

### Für ca. 10 Portionen

100 g weiche Butter
120 g Zucker
2 Päckchen Vanillezucker
4 Eier
500 g Topfen
100 g Weißbrotbrösel
1 Prise Salz
1 TL Zitronensaft
Butter für die Formen und zum Bestreichen
Puderzucker zum Bestäuben
frische Minze zum Garnieren

■ Portionsförmchen mit Butter ausstreichen. Den Backofen auf 170 °C vorheizen.

■ Butter mit 60 g Zucker und dem Vanillezucker schaumig rühren. Die Eier trennen. Die Eigelbe zur Butter-Zucker-Mischung geben und alles hellgelb und schaumig aufschlagen. Den Topfen und die Weißbrotbrösel darunterrühren.

■ Die Eiweiße mit Salz und Zitronensaft steif schlagen. Etwa 4 EL von dem Eischnee für den „Gupf" zurückbehalten. Den restlichen Eischnee unter die Eigelbmasse heben. Die Masse in die vorbereiteten Förmchen füllen.

■ Den restlichen Eischnee in einen Spritzbeutel füllen und jeweils etwas davon als „Gupf" in die Mitte jedes Soufflés spritzen. Die Förmchen in den Backofen stellen und etwa 15 Minuten backen.

■ Die fertigen Soufflés aus dem Backofen nehmen, mit flüssiger Butter bestreichen und mit reichlich Puderzucker bestreuen. Dazu passen Honig-Weichseln.

# Orangenflan (Flan de naranja)

### Für 4 Portionen

4 süße unbehandelte Orangen
5 Eigelb
180 g Zucker
100 ml frisch gepresster Orangensaft
100 g Sahne
2 EL Wasser

■ Den Backofen auf 200 °C vorheizen. Eine große, flache Form mit Wasser (3 bis 4 cm hoch) hineinstellen. Von einer Orange die Schale abreiben. Die Orangen schälen, dabei auch die weiße Innenhaut entfernen und die Filets aus den Häuten lösen. Die Eigelbe mit 80 g Zucker cremig aufschlagen, die Orangenschale und den Saft unterrühren. Die Sahne steif schlagen und unterheben.

■ 100 g Zucker mit Wasser in einem Topf erhitzen und hellbraun karamellisieren. Den Topf in kaltes Wasser stellen, damit der Zucker nicht weiter karamellisiert. 4 Formen von etwa Ø 6 cm mit dem Karamell auskleiden. Etwas von der Soufflémasse hineingeben, zwei bis drei Orangenfilets daraufgeben, mit Soufflémasse bedecken und die Formen mit Alufolie verschließen.

■ Die Flans im Wasserbad etwa 40 Minuten backen. Dann aus den Formen stürzen und mit den restlichen Orangenfilets servieren.

### Tipp

Aus dem Eiweiß lassen sich Makronen oder Baisers backen (s. S. 71).

# Baisers

**FÜR 8 STÜCK**

4 Eiweiß
2 EL Limettensaft
1 Prise Salz
200 g Zucker

Die einzigen Küsschen, die man essen kann, denn „baiser" heißt auf französisch „Kuss". Und wie ein Hauch müssen die luftig-zarten Gebilde sein. Sie werden im Ofen mehr getrocknet als gebacken, dürfen aber nicht völlig durchgaren.

■ Den Ofen auf 100 °C vorheizen. Ein Backblech mit Backpapier auslegen. Die Eiweiße mit Limettensaft und Salz zu sehr steifem Schnee schlagen. Dabei nach und nach den Zucker einrieseln lassen. So lange weiterschlagen, bis die Masse glänzend ist.

■ Die Eischneemasse in einen Spritzbeutel mit großer Sterntülle füllen und Rosetten auf das Blech spritzen. Die Baisers etwa 2 Stunden backen, dabei die Backofentür einen Spalt offen lassen.

# Fein, aber klein: Mini-Kuchen und Cup-Cakes

# Flüssiger Schokokuchen

### Tipp

Portweinzwetschgen passen sehr gut zu dem feinen Schokoladengeschmack. Natürlich können Sie die Soße auch mit Rotwein zubereiten. Auch wenn der Alkohol sich verkocht: Sind Kinder am Tisch, ersetzen Sie Rot- oder Portwein durch Pflaumen- oder Kirschsaft.

### Für 12 Stück

**Für die Portweinzwetschgen**
800 g Zwetschgen
2 EL Zucker
200 ml Portwein
1 Nelke
1 kleines Stück Zimtstange
1 Stück unbehandelte Zitronenschale
1 EL Speisestärke

**Für den Kuchen**
230 g Rohrohrzucker
1 Päckchen Bourbon-Vanillezucker
200 g Zartbitterkuvertüre
200 g Butter
6 Eier
120 g Mehl
Butter und Zucker für die Formen

■ Die Zwetschgen waschen und entsteinen. Zucker in einem Topf karamellisieren lassen. Portwein und Gewürze dazugeben, etwa 10 Minuten kochen lassen. Zwetschgen darin etwa 5 Minuten dünsten. Die Soße mit der Speisestärke binden, dann beiseite stellen.

■ Rohrohrzucker mit Vanillezucker mischen und mit dem Blitzhacker fein zerkleinern. Die Kuvertüre mit der Butter schmelzen lassen, dann beiseite stellen.

■ Die Eier mit dem Zucker in 10 Minuten cremig aufschlagen. Mehl und Kuvertüre untermischen, alles weitere 10 Minuten rühren. Die Masse abgedeckt mindestens 2 Stunden kalt stellen.

■ Den Backofen auf 200 °C vorheizen. Auflaufformen von Ø 8 cm mit Butter ausstreichen und mit Zucker ausstreuen, zu etwa zwei Dritteln mit Teig füllen.

■ Die Törtchen im Backofen etwa 15 Minuten backen, dann herausnehmen und kurz abkühlen lassen. Die Schokokuchen am Rand mit einem Messer lösen und auf Teller stürzen. Mit den Portweinzwetschgen anrichten und mit Puderzucker bestäuben.

# Pistazien-Nuss-Kuchen

Für 12 Stück

100 g Pistazien
200 g Haselnusskerne
1 unbehandelte Limette
200 g Butter
160 g Zucker
2 Päckchen Bourbon-Vanillezucker
4 Eier
150 g Mehl
1 Päckchen Backpulver
1/4 l Milch
12 Zartbittertrüffel
Butter und Zwiebackbrösel für die Tassen

■ Pistazien und Haselnüsse getrennt fein mahlen. Die Limette waschen, die Schale fein abreiben. Butter mit Zucker und Vanillezucker schaumig schlagen. Eier und Limettenschale unterrühren. Mehl, Backpulver und Milch nach und nach unter den Teig rühren.

■ Den Teig halbieren, Pistazien unter die eine Hälfte, Haselnüsse unter die andere Hälfte mischen. Den Backofen auf 180 °C vorheizen. 12 Tassen à 200 ml mit Butter ausstreichen, mit Zwiebackbröseln ausstreuen und zur Hälfte mit Pistazienteig füllen. Die Trüffel daraufgeben und mit dem Haselnussteig bedecken.

■ Die Törtchen im Backofen auf der unteren Schiene etwa 30 Minuten backen. Die fertigen Törtchen lauwarm abkühlen lassen, dann herauslösen, mit Puderzucker bestreuen und servieren. Dazu passt Zwetschgen- oder Kirschkompott.

# Limetten-Cup-Cakes

FÜR 12 STÜCK

3 unbehandelte Limetten
4 Eier
200 g Zucker
130 g Dinkelmehl
120 g Weizenmehl
2 TL Backpulver
200 g zerlassene Butter
1 Prise Salz
130 g Puderzucker
2 Päckchen Bourbon-Vanillezucker
3 EL Cassislikör
100 g Brombeeren
150 g Sahne
50 g Mascarpone
1 TL Zitronenzucker
Butter und Semmelbrösel für die Formen

■ Den Backofen auf 180 °C vorheizen, Formen buttern und mit Semmelbröseln ausstreuen. Die Limetten waschen, die Schale von 2 Früchten abreiben, den Saft auspressen. Die Eier mit Zucker cremig aufschlagen. Mehl, Backpulver, zerlassene Butter, Salz und Limettenschale unterrühren. Den Teig einfüllen und die Kuchen etwa 25 Minuten backen.

■ 120 ml Limettensaft mit 100 g Puderzucker verrühren. Die fertigen Kuchen damit bestreichen und abkühlen lassen.

■ 30 g Puderzucker und 1 Päckchen Vanillezucker in einer Pfanne hellgelb karamellisieren. Den Cassis und die Brombeeren hineingeben und kurz ziehen lassen, dann beiseite stellen.

■ Die Sahne mit Mascarpone, restlichem Vanillezucker und Zitronenzucker steif schlagen. Die Kuchen damit dekorieren und mit den Brombeeren anrichten.

# Schwarzwald-Cup

### Tipp

Sie sollten die Kuchen vor dem Servieren einige Stunden durchziehen lassen – geben Sie erst dann die Sahnemischung auf die Kuchen.

### Für 12 Stück

**Für die Kuchen**
360 g Sauerkirschen (aus dem Glas)
100 g Zartbitterschokolade
3 Eier
180 g Zucker
1 Päckchen Vanillezucker
120 g Dinkelmehl
100 g gemahlene Mandeln
180 g zerlassene Butter
100 ml Milch
1 Prise Salz
2 TL Backpulver
Butter und Semmelbrösel für die Tassen (oder Muffinformen)

■ Die Sauerkirschen abtropfen lassen, den Saft auffangen. Die Schokolade im heißen Wasserbad schmelzen. Die Eier trennen. Die Eigelbe mit Zucker cremig aufschlagen. Mehl und Mandeln mit der flüssigen Butter und der Milch unterrühren.

■ Die Eiweiße mit dem Salz steif schlagen und mit dem Backpulver unter die Eigelbmasse heben. Tassen oder Muffinformen mit Butter ausstreichen und mit Semmelbröseln ausstreuen. Von dem Teig die Hälfte abnehmen und mit der flüssigen Schokolade mischen. Den Backofen auf 180 °C vorheizen.

■ Die Formen zur Hälfte mit dem Schokoteig füllen, einige Kirschen daraufgeben, hellen Teig darübergeben. So Teig und Kirschen – bis auf 12 Früchte zum Dekorieren – verbrauchen. Die Kuchen etwa 30 Minuten backen (Stäbchenprobe machen).

■ 200 ml von dem aufgefangenen Kirschsaft mit Zucker so lange kochen, bis er eine sirupartige Konsistenz hat, beiseite stellen und abkühlen lassen. Die Sahne steif schlagen. Ricotta und Puderzucker verrühren, unter die Sahne heben. Die Masse in einen Spitzbeutel geben und Rosetten auf die Kuchen spritzen. Den Sirup über die Rosetten laufen lassen, je 1 Kirsche daraufsetzen, mit geraspelter Zartbitterschokolade bestreuen.

**Für den Guss**
200 ml Kirschsaft (aus dem Glas)
30 g Rohrohrzucker
300 g Sahne
50 g Ricotta
30 g Puderzucker
Zartbitterschokoladenraspel zum Bestreuen

# Cassis-Cup-Cakes

Für 12 Stück

**Für den Teig**
400 g schwarze Johannisbeeren
120 g Rohrohrzucker
2 EL Cassislikör
130 g Butter
2 Eier
180 g Dinkelmehl (Type 630)
2 TL Backpulver
Butter und gemahlene Mandeln für die Formen

**Für das Frosting**
1/2 unbehandelte Zitrone
50 g Joghurt
100 g Quark (20 % Fett i. Tr.)
100 g Sahne

■ Die Johannisbeeren waschen, von den Stielen streifen, mit 20 g Zucker und dem Likör etwa 10 Minuten erhitzen. Das Ganze durch ein feines Sieb streichen und abkühlen lassen.

■ Butter und restlichen Zucker schaumig rühren. Die Eier dazugeben und rühren, bis die Masse hellgelb und schaumig ist. Die Johannisbeermasse abwechselnd mit dem Mehl unterrühren, zum Schluss das Backpulver dazugeben.

■ Den Backofen auf 180 °C vorheizen. 12 Tassen à ca. 200 ml dick mit Butter einstreichen und mit Mandeln ausstreuen. Den Teig einfüllen und im Backofen (untere Schiene) etwa 25 Minuten backen.

■ Die fertigen Küchlein aus dem Backofen nehmen und kurz in der Form ruhen lassen, dann herauslösen und auf ein Kuchengitter setzen.

■ Inzwischen für das Frosting die Zitrone heiß abwaschen und abtrocknen. Die Schale fein abreiben und den Saft auspressen. Den Joghurt mit dem Quark, Zitronensaft und -schale verrühren.

■ Die Sahne steif schlagen und unter die Joghurt-Quark-Creme heben. Die Masse in einen Spritzbeutel mit Sterntülle füllen und Rosetten auf die abgekühlten Küchlein spritzen.

■ Wenn die Küchlein nicht sofort gegessen werden, kann man das Frosting mit 1 TL Sofort-Gelatine fester machen.

Tipp

Schwarze Johannisbeeren haben ein sehr intensives Aroma. Wer das nicht mag, nimmt stattdessen Heidelbeeren. Größere Früchte wie Kirschen oder gar Zwetschgen müssten Sie zerkleinern, bevor Sie diese unter den Teig mischen.

# Espressokuchen im Glas

### Tipp

200 g Sahne mit 2 EL Espressobohnen erwärmen (nicht kochen lassen) und im Kühlschrank über Nacht ziehen lassen. Am nächsten Tag die Espressobohnen entfernen. Die Sahne steif schlagen und zu den Kuchen reichen.

### Für 12 Stück

**Für den Teig**
150 g Zartbitter-schokolade
150 g Butter
2 TL lösliches Espressopulver
6 Eier
160 g Zucker
2 TL Vanillepulver
je 1/2 TL Zimt und Kardamom
1 TL abgeriebene unbehandelte Orangenschale
1 Prise Salz
100 g Mehl
50 g gemahlene Mandeln
Butter und Zucker für die Formen

■ 12 ofenfeste Gläser oder Soufflèförmchen à ca. 175 ml Inhalt mit Butter ausstreichen und mit Zucker ausstreuen. Den Backofen auf 180 °C vorheizen.

■ Zartbitterschokolade, Butter und Espressopulver in einen Topf geben und bei schwacher Hitze schmelzen lassen, dann beiseite stellen. Die Eier trennen, die Eigelbe mit dem Zucker cremig aufschlagen, Gewürze und Orangenschale unterrühren. Die Schokoladenmasse unter die Eigelbmasse rühren.

■ Die Eiweiße mit dem Salz steif schlagen. Den Eischnee auf die Schokoladen-Eigelb-Masse geben, Mehl und Mandeln darübersieben und alles kurz untermengen. Den Teig in die Formen füllen, die Kuchen etwa 30 Minuten backen.

■ Rohrohrzucker, Espresso und Amaretto aufkochen lassen, bis der Zucker aufgelöst ist. Die warmen Kuchen damit beträufeln, abkühlen lassen. Sahne, Mascarpone und Vanillezucker steif schlagen, den Amaretto unterrühren. Die Creme in einen Spritzbeutel füllen, Rosetten auf die Kuchen spritzen. Nach Belieben dekorieren.

**Zum Tränken**
100 g Rohrohrzucker
100 ml starker Espresso
100 ml Amaretto

**Zum Verzieren**
200 g Sahne
120 g Mascarpone
2 Päckchen Bourbon-Vanillezucker
3 EL Amaretto

# Petits Fours

## Für 9–12 Stück (je nach Grösse)

**Für den Teig**
3 Eier
60 g Zucker
40 g Marzipanrohmasse
1/2 unbehandelte Zitrone
30 g Mehl
30 g gemahlene Mandeln
1 EL Speisestärke

**Für die Füllung**
2 Beutel Waldbeerentee
100 g Brombeergelee
4 EL Cassislikör
100 g Marzipanrohmasse
40 g Puderzucker
3 Blatt rote Gelatine
1–2 EL Zucker

■ Den Backofen auf 200 °C vorheizen und ein Backblech mit Backpapier auslegen. Die Eier trennen. Die Eigelbe mit dem Zucker cremig aufschlagen. Die Marzipanrohmasse mit dem Pürierstab untermengen. Die Zitrone waschen, die Schale fein abreiben, Saft auspressen.

■ Eiweiß mit 1 TL Zitronensaft steif schlagen, auf die Eigelbmasse geben. Mehl, Mandeln und Speisestärke daraufsieben und alles locker unter die Eigelbmasse heben. Den Teig auf das Backblech streichen und etwa 10 Minuten backen.

■ 300 ml Wasser zum Kochen bringen, die Teebeutel darin 10 Minuten ziehen lassen. Das Gelee mit 2 EL Cassislikör und den Tee mit dem restlichen Likör verrühren. Den Biskuit auf ein Küchentuch stürzen und das Backpapier abziehen. Die Teigplatte vierteln, mit Tee beträufeln. Je 2 Viertel mit Gelee bestreichen, die anderen Viertel daraufsetzen.

■ Die Marzipanrohmasse mit dem Puderzucker verkneten und zwischen Folie in Größe eines Biskuitviertels dünn ausrollen, auf ein Biskuitviertel setzen und das andere darauflegen. Den Kuchen mit Folie bedecken und mit einem Brett beschwert über Nacht kalt stellen.

■ Am nächsten Tag die Gelatine in kaltem Wasser einweichen. Den restlichen Tee mit dem Zucker erwärmen, die Gelatine darin auflösen. Sobald die Masse zu stocken beginnt, den Guss auf den Biskuit streichen und ganz fest werden lassen, kalt stellen. Den Kuchen in Quadrate schneiden oder mit Plätzchenausstechern Formen ausstechen, nach Belieben mit geraspelter weißer Schokolade, gehackten Pistazien oder Marzipan garnieren.

## Tipp

Sie können die Petits Fours auch mit einer Fondantmasse umhüllen. Sie schützt die kleinen Kuchen vor dem Austrocknen. Fondant kann man bestellen oder eventuell auch über den Konditor beziehen.

# Brioches im Blumentopf

### Tipp

Kleine Blumentöpfe bekommen Sie im Baumarkt. Auch wenn sie fabrikneu sind, sollten Sie sie vor dem Befüllen gründlich reinigen. Statt der Brioches können Sie auch Brot in den Töpfchen backen. Sie sind ein originelles Geschenk.

### Für 6 Stück

250 g Mehl
10 g Hefe
1 EL Zucker
70 ml lauwarme Milch
125 g weiche Butter
1 Prise Salz
2 Eier
Butter und Semmelbrösel für die Formen

■ Das Mehl in eine Schüssel geben und eine Vertiefung hineindrücken. Die Hefe hineinbröckeln und mit dem Zucker bestreuen. Die Milch angießen und die Hefe mit etwas Mehl verrühren, zugedeckt etwa 15 Minuten an einem warmen Ort gehen lassen.

■ Butter, Salz und Eier zu dem Vorteig geben und alles zu einem glatten Teig verkneten. Den Teig zugedeckt mindestens 30 Minuten gehen lassen. Die Tontöpfchen dick mit Butter ausstreichen und mit Semmelbröseln ausstreuen. Den Teig zu 6 kleinen und sechs großen Kugeln formen. Die großen Kugeln in die Töpfchen geben, die kleinen Kugeln obenaufsetzen. Zugedeckt an einem warmen Ort weitere 2 Stunden gehen lassen.

■ Den Backofen auf 200 °C vorheizen. Die Brioches darin etwa 30 Minuten backen, aus den Formen lösen und lauwarm servieren.

# Ricottakuchen

### Tipp

Dieser Ricottakuchen hat einen feinen Geschmack und eignet sich auch als Dessert. Für den Boden kann man auch Schokoladenkekse oder Amaretti verwenden. Mit der abgeriebenen Schale einer unbehandelten Limette wird der Geschmack noch etwas frischer.

### Für 12 Stück

**Für den Boden**
225 g Kokos-Zwieback
100 g zerlassene Butter

**Für den Belag**
250 g Ricotta
250 g Joghurt
250 g Quark
1 unbehandelte Orange
5 Eier
150 g Rohrohrzucker
1 Päckchen Vanillezucker
1 Prise Salz
4 EL Speisestärke
Butter für die Formen
Nach Belieben frische Beeren und Minzeblättchen zum Garnieren

■ Den Zwieback im Blitzhacker fein zerkleinern und die Brösel mit der Butter verkneten. Ofenfeste Gläser oder Formen à ca. 200 ml Inhalt mit Butter ausstreichen. Die Masse darin gleichmäßig verteilen und festdrücken.

■ Ricotta, Joghurt und Quark verrühren. Von der Orange die Schale fein abreiben und den Saft auspressen. Die Eier trennen. Eigelbe mit Zucker und Vanillezucker cremig aufschlagen, abgeriebene Orangenschale und -saft sowie die Ricottacreme darunterrühren.

■ Den Backofen auf 180 °C vorheizen. Die Eiweiße mit etwas Salz steif schlagen und auf die Ricottacreme geben. Die Speisestärke darübersieben. Alles mit einem Schneebesen locker mischen und in die Gläser füllen.

■ Die Kuchen etwa 45 Minuten backen und dann in der Form auskühlen lassen. Nach Belieben mit Beeren und Minzeblättchen garnieren.

# Mini-Savarin mit Früchten

Für 6 Stück

**Für den Teig**
50 g Zucker
1 Päckchen Bourbon-Vanillezucker
20 g Hefe
150 ml lauwarme Milch
250 g Mehl
3 Eigelb
1 Prise Salz
40 g Butter
Butter und gemahlene Mandeln für die Formen

**Für den Sirup**
60 ml Orangenlikör
130 g Zucker
1 Päckchen Bourbon-Vanillezucker

**Zum Garnieren**
250 g gemischte Beeren
2 EL Puderzucker
einige Minzeblättchen

■ Zucker und Hefe in der Milch auflösen, zugedeckt an einem warmen Ort etwa 15 Minuten gehen lassen. Mehl auf die Hefemilch sieben und unterrühren. Eigelbe, Salz und Butter ebenfalls unterrühren. Den Teig zugedeckt weitere 45 Minuten gehen lassen.

■ Kleine Savarinformen mit Butter ausstreichen und mit Mandeln ausstreuen. Den Teig einfüllen und weitere 10 Minuten gehen lassen. Den Backofen auf 170 °C vorheizen. Die Savarins etwa 25 Minuten backen.

■ Inzwischen für den Sirup Orangenlikör mit Zucker so lange kochen, bis die Mischung Fäden zieht. Die fertigen Savarins in der Form mit diesem Sirup begießen und ziehen lassen.

■ Die Beeren mit dem Puderzucker verrühren und beiseite stellen. Die Savarins aus den Formen stürzen, die Beeren in die Mitte geben, mit Minzeblättchen garnieren.

# Trockenfrüchtekuchen

Für 8 Stück

100 g getrocknete, entsteinte Datteln
100 g getrocknete Aprikosen
1 EL Orangeat
4 EL Strohrum
100 g Walnusskerne
2 Eier
100 g Butter
80 g Rohrohrzucker
1 Päckchen Bourbon-Vanillezucker
je 100 g Weizen- und Dinkelmehl
1 TL Backpulver
1 TL Zimt
1 TL Kardamom
1 Prise Nelkenpulver
4 EL Puderzucker
Butter und gemahlene Mandeln für die Formen
Aprikosenkonfitüre zum Bestreichen

■ Datteln, Aprikosen und Orangeat im Blitzhacker fein zerkleinern, in eine Schüssel geben, mit dem Strohrum mischen und zugedeckt quellen lassen.

■ Den Backofen auf 200 °C vorheizen. Die Formen mit Butter ausstreichen und mit Mandeln ausstreuen. Die Walnüsse grob hacken. Die Eier trennen. Die Eigelbe mit der Butter und dem Zucker schaumig rühren. Mehl, Backpulver, Gewürze, Trockenfrüchte und die Hälfte der Nüsse unterrühren. Die Eiweiße steif schlagen und unter den Teig ziehen.

■ Den Teig in die Formen füllen und etwa 25 Minuten backen. Inzwischen die Aprikosenkonfitüre pürieren und erwärmen. Die Hälfte des Puderzuckers in einer kleinen Pfanne karamellisieren. Die restlichen Walnüsse darin wenden, beiseite stellen. Die fertigen Kuchen herausnehmen, noch warm mit der Aprikosenkonfitüre bestreichen und mit den Walnüssen bestreuen.

# Herzhafte Käsemuffins

Für 12 Stück

1 Bund Frühlingszwiebeln
1 EL Olivenöl
150 g Dinkelmehl
150 g Maismehl
30 g geriebener Parmesan
70 g geriebener Bergkäse
1/2 Päckchen Backpulver
2 Eier
1 Prise Pfeffer
1 Prise geriebene Muskatnuss
1/4 l Buttermilch
12 Mini-Wiener
12 Muffinförmchen aus Papier

■ Die Frühlingszwiebeln waschen, putzen und in feine Ringe schneiden. Das Öl erhitzen und die Frühlingszwiebeln darin andünsten, beiseite stellen. Den Ofen auf 180 °C vorheizen. In ein Muffinblech Papierförmchen setzen.

■ Mehl, Maismehl, Parmesan, 50 g Bergkäse und Backpulver mischen. Die Eier mit Pfeffer und Muskat in einer anderen Schüssel verquirlen. Die Buttermilch unterrühren. Die Eiermilch zu der Mehlmischung gießen, die Frühlingszwiebeln dazugeben und alles mit dem Schneebesen verrühren.

■ Etwas Teig in die Muffinformen füllen, dann die kleinen Wiener daraufgeben und mit dem restlichen Teig bedecken. Die Muffins etwa 25 Minuten backen. Herausnehmen und lauwarm servieren.

# Heidelbeermuffins

**Für 12 Stück**

150 g Heidelbeeren
150 g Weizenmehl
150 g Dinkelmehl
75 g Zucker
1 TL Backpulver
1 TL abgeriebene unbehandelte Zitronenschale
1 Prise Salz
je 1 Prise Vanillepulver und Zimt
2 Eier
50 g saure Sahne
1/4 l Milch
12 Muffinförmchen aus Papier

■ Den Backofen auf 200 °C vorheizen. Die Heidelbeeren verlesen. Papierformen in ein Muffinblech setzen.

■ Mehl, Zucker, Backpulver, Zitronenschale, Salz und Gewürze in einer Schüssel mischen. Eier mit saurer Sahne und Milch verquirlen und kurz, aber gründlich unter die Mehlmischung rühren.

■ Die Muffinformen zu etwa 2/3 mit Teig füllen. Die Beeren darauf verteilen. Die Muffins etwa 25 Minuten backen. Die Muffins herausnehmen, aus der Form lösen und auf einem Kuchengitter abkühlen lassen.

# Groß oder klein: Nockerl und Klöße

# Tiroler Eiernockerl

### Tipp

Zu den Nockerln schmeckt ein gemischter Salat. Dafür Blattsalate nach Belieben waschen, putzen und trocken schleudern. Mit klein geschnittenen Cocktailtomaten, Radieschen und Gurken mischen und mit einem Essig-Öl-Dressing begießen.

### Für 4 Portionen

1 Bund Frühlingszwiebeln
Salz, Pfeffer
250 g Mehl
8 Eier
1 Prise geriebene Muskatnuss
100 g Sahne
100 g Schinken
Butter zum Braten

■ Die Frühlingszwiebeln waschen, putzen und fein zerkleinern. 1 EL Butter in einer Pfanne erhitzen und die Zwiebelwürfel darin bei schwacher Hitze dünsten, dann beiseite stellen.

■ Reichlich Wasser zum Kochen bringen. Das Mehl mit 3 Eiern verquirlen. Mit Salz, Pfeffer und Muskatnuss würzen. Die Hälfte der Zwiebeln unter den Teig mischen.

■ Aus dem Teig mit zwei Esslöffeln Nockerl formen. Das kochende Wasser kräftig salzen, die Nockerl darin bei schwacher Hitze in knapp 10 Minuten gar ziehen lassen. Herausheben und gut abtropfen lassen.

■ Die restlichen Eier mit der Sahne gut verquirlen, mit Salz und Pfeffer würzen. Den Schinken in kleine Würfel schneiden, die restlichen Frühlingszwiebeln untermischen.

■ 2 EL Butter in einer großen Pfanne erhitzen. Die Nockerl darin kurz schwenken. Die Eiersahne angießen und stocken lassen.

# Ricotta-Spinat-Nockerl mit Pfifferlingen

### Tipp

Reichen Sie dazu Rucola-Salat, den Sie mit einem Walnussöl-Aceto-Dressing mischen. Hobeln Sie feine Parmesanspäne darüber und bestreuen Sie das Ganze mit Schnittlauchröllchen.

### Für 4 Portionen

300 g Ricotta
80 g Grieß
80 g Semmelbrösel
2 Eier
250 g Spinat
Salz
1 Schalotte
1 EL Öl
geriebene Muskatnuss
80 g Parmesan
300 g Pfifferlinge
1 Zwiebel
1/2 Bund Petersilie
1/2 cm dicke Scheibe magerer Speck
Butter zum Braten

■ Ricotta, Grieß, Semmelbrösel und Eier mischen, 30 Minuten quellen lassen. Inzwischen den Spinat waschen und putzen. Wasser aufkochen, salzen, den Spinat darin zusammenfallen lassen, abgießen und abtropfen lassen. Die Schalotte schälen und sehr fein hacken. Das Öl in einer Pfanne erhitzen, die Schalotte darin glasig dünsten. Den Spinat ausdrücken, klein hacken, hinzufügen und kurz mitdünsten. Mit Muskatnuss würzen.

■ Den Spinat mit dem Parmesan unter die Grießmasse mengen. Wasser zum Kochen bringen, salzen. Aus der Masse mit zwei Esslöffeln Nockerl formen, diese bei schwacher Hitze im Salzwasser gar ziehen lassen. Herausheben und abtropfen lassen.

■ Die Pfifferlinge verlesen und putzen. Zwiebel und Petersilienblätter fein hacken. Den Speck ohne Schwarte in feine Würfel schneiden. Etwas Butter zerlassen, Zwiebel, Petersilie und Speckwürfel hineingeben und braten, dann die Pfifferlinge dazugeben und kurz mitdünsten. Die Ricottanockerl in einer zweiten Pfanne in reichlich Butter kurz anbraten, mit den Pfifferlingen auf Tellern anrichten und servieren.

# Mozartknödel

Für 12 Knödel

300 g mehligkochende Kartoffeln
30 g Butter
1 Eigelb
1 EL Puderzucker
50 g Grieß
70 g gemahlene Pistazien
80 g Mehl
12 Mozartkugeln
Salz
50 g Amaretti
50 g Butter

■ Die Kartoffeln in reichlich Wasser weich kochen, abgießen, schälen und noch heiß durch die Kartoffelpresse drücken. Mit Butter, Eigelb, Puderzucker, Grieß, Pistazien und Mehl verkneten und den Teig etwa 20 Minuten ruhen lassen.

■ Den Teig zu einer Rolle formen und in 12 Stücke teilen. Auf jedes Stück 1 Mozartkugel legen, mit dem Teig umschließen und mit bemehlten Händen Knödel formen. Wasser zum Kochen bringen, salzen. Die Knödel hineingeben und bei schwacher Hitze etwa 10 Minuten ziehen lassen.

■ Inzwischen die Amaretti in einen Gefrierbeutel geben und mit einem Nudelholz fein zerkleinern. Butter zerlassen und die Amarettibrösel darin anrösten. Die Knödel aus dem Wasser heben und in den Bröseln wälzen.

■ Nach Belieben mit Kompott oder Vanillesoße servieren.

Die Rezepte auf diesen beiden Seiten stammen von Susanne Derflinger aus Pfaffenhofen.

# Marillenknödel

FÜR ETWA 15 KNÖDEL

**Für die Knödel**
1/8 l Milch
60 g Butter
1 TL Salz
250 g Mehl
2 Eigelb
15 Aprikosen

**Zum Wenden**
80 g Butter
1 EL Zucker
100 g Semmelbrösel
Puderzucker zum Bestäuben

■ Milch, 1/8 l Wasser, Butter und 1 Prise Salz zum Kochen bringen. Das Mehl auf einmal dazugeben und so lange rühren, bis sich der Teig vom Topfboden löst, abkühlen lassen. Inzwischen die Aprikosen waschen und aufschneiden. Die Steine entfernen und stattdessen 1 Stück Würfelzucker hineingeben.

■ Die Eigelbe unter den Teig rühren, mit einem Esslöffel eine Portion abstechen. Die Früchte mit dem Teig umhüllen und mit bemehlten Händen Knödel formen.

■ Reichlich Wasser zum Kochen bringen, das Salz hinzufügen. Die Knödel darin bei schwacher Hitze etwa 10 Minuten ziehen lassen. Sie sind fertig, wenn sie sich im Wasser zu drehen beginnen.

■ Die Butter in einer Pfanne zerlassen, Zucker und Brösel hinzufügen und kurz anrösten. Die fertigen Knödel herausheben, abtropfen lassen und in der Bröselmischung wälzen, mit Puderzucker bestäuben und servieren.

# Sächsische Quarkkeulchen

FÜR 4 PORTIONEN

400 g Kartoffeln
2 Eier
2–3 EL Mehl
1 Prise Salz
300 g Quark (20 % Fett i.Tr.)
80 g Zucker
1 TL abgeriebene unbehandelte Zitronenschale

Butterschmalz zum Braten
Zimt und Zucker zum Bestreuen

■ Die Kartoffeln in reichlich Wasser garen, abgießen, pellen und heiß durch die Kartoffelpresse drücken. Mit Eiern, Mehl, Salz, Quark, Zucker und Zitronenschale vermengen. Aus dem Teig längliche Keulchen formen.

■ Butterschmalz in einer Pfanne zerlassen, die Keulchen darin rundum braun braten. Mit Zimt und Zucker bestreuen und mit Sauerkirschkompott servieren.

# Ungarische Quarkklöße

### Für 4 Portionen

2 Eier
400 g Quark (20 % Fett i. Tr.)
70 g Grieß
1 TL Salz
100 g Butter
100 g Semmelbrösel
300 g saure Sahne
Puderzucker zum Bestäuben

■ Die Eier trennen. Den Quark durch ein Sieb streichen, Grieß und Eigelbe unterrühren und die Mischung etwa 30 Minuten ruhen lassen. Die Eiweiße mit 1 Prise Salz steif schlagen und unter die Quarkmasse heben.

■ Reichlich Wasser zum Kochen bringen, das Salz hinzufügen. Aus der Masse etwa 10 Klöße formen und diese in dem Wasser bei schwacher Hitze etwa 10 Minuten ziehen lassen.

■ Die Butter in einer Pfanne zerlassen. Die Semmelbrösel darin anrösten. Die fertigen Klöße herausheben, abtropfen lassen, mit den Semmelbröseln bestreuen und mit Puderzucker bestäuben. Mit saurer Sahne und Pfirsichkompott servieren.

### Tipp

Einen Probekloß kochen: Zerfällt er, noch etwas Grieß unter den Teig mengen. Wenn Sie den Puderzucker weglassen, können Sie die Klöße mit einer Tomaten- oder Kräutersoße servieren.

# Chinesische Reisbällchen

Für 4 Portionen

200 g Klebreismehl
1/2 Ananas
1 Mango
4 EL Zucker
2 EL Orangenlikör

■ Das Klebreismehl mit 80 ml Wasser in einer Schüssel mischen. Der Teig sollte elastisch sein und nicht an den Fingern kleben. Zugedeckt etwa 10 Minuten ruhen lassen.

■ Inzwischen die Ananas schälen und vierteln. Den harten Strunk entfernen und das Fruchtfleisch in kleine Stücke schneiden. Die Mango schälen und das Fruchtfleisch in Spalten vom Stein schneiden, dann würfeln. Die Früchte mit 2 EL Zucker und Likör mischen und beiseite stellen.

■ Den Teig nochmals durchkneten und zu einer Rolle mit etwa Ø 2 cm formen. Stücke von etwa 2 cm Länge abschneiden, zu Kugeln formen. 1 l Wasser mit dem restlichen Zucker in einem Topf erhitzen und die Reisbällchen darin bei schwacher Hitze ca. 3 Minuten garen, dann mit einem Schaumlöffel herausheben und mit den Früchten in Schälchen verteilen.

# Türkische Möhrenfinger

**Für 4 Portionen**

10 Möhren
2 Scheiben Vollkorntoast
4 getrocknete Aprikosen
4 Frühlingszwiebeln
1 EL Rosinen
2 EL Pinienkerne
1 Bund glatte Petersilie
6 Blättchen frische Minze
1/2 TL Cayennepfeffer
1/2 TL Rosenpaprika, edelsüß
1 Ei
Salz, Pfeffer
Mehl
Olivenöl

■ Die Möhren schälen, in Scheiben schneiden und in wenig Wasser weich dünsten. Brot und Aprikosen klein schneiden. Die Frühlingszwiebeln waschen, putzen und in Ringe schneiden. Petersilien- und Minzblättchen waschen. Möhren, Rosinen, Pinienkerne, Aprikosen, Brot, Petersilie, Minze und Frühlingszwiebeln im Blitzhacker oder mit dem Pürierstab zerkleinern.

■ Die zerkleinerten Zutaten mit den Gewürzen und Ei vermengen, mit Salz und Pfeffer abschmecken. Aus dem Teig etwa 5 cm lange, daumendicke Röllchen formen. Die Röllchen in Mehl wenden und rundum in Öl braten.

Dazu schmeckt griechischer Joghurt, den man mit Zitronensaft, 2 zerdrückten Knoblauchzehen und etwas Salz würzt.

# Dampfnudeln

### Tipp

Den Topf während des Garens nicht öffnen, sonst fallen die Dampfnudeln zusammen. Wer neugierig ist, verwendet einen Topf mit ofenfestem Glasdeckel. Man kann die Dampfnudeln auch auf dem Herd garen. Mittlere bis schwache Hitze ist ausreichend.

### Für 8–10 Stück

500 g Mehl
1/2 Würfel Hefe
50 g Zucker
200 ml lauwarme Milch
50 g weiche Butter
1 Ei
1 Eigelb
1 Prise Salz

**Für die Form**
50 g Butter
3 EL Zucker
200 ml Milch

■ Mehl in eine Schüssel geben, eine Vertiefung hineindrücken. Hefe hineinbröckeln und mit 1 EL Zucker bestreuen. Etwas Milch angießen und mit der Hefe und etwas Mehl verrühren. Zugedeckt etwa 20 Minuten gehen lassen.

■ Restlichen Zucker, Milch, Butter, Ei, Eigelb und Salz dazugeben und alles zu einem weichen Teig verkneten. Zugedeckt etwa 1 Stunde gehen lassen. Den Teig auf bemehlter Fläche durchkneten, zur Rolle formen und in 8 bis 10 gleiche Stücke teilen. Die Stücke zu Kugeln formen, nochmals etwa 30 Minuten gehen lassen.

■ Den Backofen auf 180 °C vorheizen. In einer großen Form mit Deckel die Butter schmelzen lassen, Zucker und Milch dazugeben. Die Dampfnudeln hineinsetzen und in der geschlossenen Form etwa 30 Minuten garen.
Dazu passen Vanillesoße und Zwetschgenkompott.

# Buchteln

## Für etwa 15 Stück

**Für den Teig**
500 g Mehl
1 Würfel Hefe
60 g Zucker
150 ml Milch
50 g zerlassene Butter
2 Eier
1 Prise Salz
1 TL abgeriebene unbehandelte Zitronenschale

**Außerdem**
200 g Pflaumenmus
100 g Butter
1 Eigelb
2 EL Milch

Viele kennen Sie auch unter dem Begriff Rohrnudeln, weil sie im Backofen gebacken werden. Sie schmecken frisch am besten. Allerdings kann man sie auch am nächsten Tag noch mit Butter und Konfitüre zum Frühstück essen.

■ Für den Teig das Mehl in eine Schüssel geben und eine Vertiefung hineindrücken. Die Hefe hineinbröckeln und mit etwas Zucker bestreuen. Die Milch lauwarm erwärmen und die Hälfte davon mit der Hefe und etwas Mehl verrühren. Den Vorteig zugedeckt etwa 15 Minuten an einem warmen Platz ruhen lassen.

■ Die restliche Milch und den übrigen Zucker sowie Butter, Eier, Salz und Zitronenschale dazugeben und alles zu einem geschmeidigen Teig verkneten. Diesen weitere 45 Minuten zugedeckt gehen lassen. Den Backofen auf 200 °C vorheizen.

■ Den Teig in etwa 15 gleich große Stücke teilen. Diese zu Talern formen, je 1 EL Pflaumenmus in die Mitte geben, den Teig über der Füllung schließen und zu einem runden Kloß formen.

■ Eine Auflaufform mit zerlassener Butter ausstreichen. Die Buchteln mit etwas Abstand hineinsetzen. Eigelb und Milch verquirlen. Die Buchteln zuerst mit der zerlassenen Butter, dann mit der Eiermilch bestreichen und im vorgeheizten Backofen etwa 25 Minuten backen.

## Tipp

Sehr gut schmecken die Buchteln mit einer Füllung aus Mohn. Dafür 100 g Mohn mahlen, mit 100 ml Milch, 3 EL Sahne und 2 Päckchen Vanillezucker aufkochen und bei schwacher Hitze dicklich einkochen lassen. Diese Mohnmasse statt Pflaumenmus in die Buchteln füllen.

# Mohnknödel mit Aprikosensoße

## Für 4 Portionen

**Für die Knödel**
80 g Magerquark
1 unbehandelte Orange
150 ml Milch
je 1 TL Vanille- und Zimtpulver
Salz
80 g gemahlener Mohn
100 g Amaretti
50 g weiche Butter
3 EL Zucker
2 Eier
100 g Marzipanrohmasse

**Für die Soße**
400 g Aprikosen
50 g Zucker
je 1/2 TL Vanillepulver, Zimt, Kardamom
3 EL Aprikosenlikör

■ Quark abtropfen lassen. Orange heiß abwaschen, Schale fein abreiben. Milch mit Vanille- und Zimtpulver sowie 1 Prise Salz aufkochen. Mohn einrühren und bei schwacher Hitze quellen lassen, dann abkühlen lassen und in den Kühlschrank stellen.

■ Amaretti in einen Gefrierbeutel geben und mit einem Nudelholz zerbröseln. Die Butter mit Zucker verrühren. Eier und 1 TL Orangenschale dazugeben, alles cremig aufschlagen. Amarettibrösel und Quark untermischen, 1 Stunde kalt stellen. Dann den Mohn untermischen.

■ Die Marzipanrohmasse zu 12 Kugeln formen. Die Mohnmasse in 12 Portionen teilen. Jede Portion etwas flach drücken, das Marzipan in die Mitte geben und den Teig darüber wieder schließen. Runde Klöße formen.

■ Die Aprikosen mit kochendem Wasser übergießen, ziehen lassen, häuten und achteln. Die Steine entfernen, einen Stein aufschlagen. Zucker in einem Topf hellgelb karamellisieren, die Früchte, den aufgeschlagenen Stein, Gewürze und Likör hinzufügen und alles etwa 5 Minuten bei schwacher Hitze dünsten, dann abkühlen lassen. Den Aprikosenstein entfernen und die Soße pürieren.

■ Reichlich Wasser in einem großen Topf zum Kochen bringen. Die Klöße darin bei schwacher Hitze in etwa 15 Minuten gar ziehen lassen, mit der Aprikosensoße servieren.

## Tipp

Zu Mohnknödeln harmoniert auch eine Kirschsoße. Dafür Schattenmorellen aus dem Glas abtropfen lassen. 3 EL Zucker in einer Pfanne karamellisieren, die Kirschen hineingeben und kurz erwärmen. Nach Belieben mit Kirschlikör abschmecken.

# Buchweizenklößchen mit Gorgonzolasoße

Für 4 Portionen

**Für die Klößchen**
50 g magerer Speck
1/4 l Gemüsefond (Glas)
200 g Buchweizenschrot
150 g Quark
2 große Eier (L)
3 EL Semmelbrösel
1 EL gehackte Petersilie
4 EL Parmesan
Salz, Pfeffer

■ Speck im Blitzhacker zerkleinern. Gemüsefond erhitzen, Buchweizen darin etwa 15 Minuten quellen, dann erkalten lassen. Buchweizen mit Speck, Quark, Eiern, Eigelb, Semmelbröseln, Petersilie und Parmesan verrühren und mit Salz und Pfeffer würzen.

■ Reichlich Wasser in einem großen Topf erhitzen, salzen. Aus dem Buchweizenteig mit zwei Esslöffeln Klößchen formen, im kochenden Wasser bei schwacher Hitze in etwa 15 Minuten gar ziehen lassen.

■ Die Schalotte schälen, fein hacken und in der Butter andünsten. Das Mehl darüberstäuben, mit Weißwein, Gemüsebrühe und Sahne ablöschen. Den Gorgonzola unterrühren und mit Salz und Pfeffer abschmecken. Die Klößchen auf Teller setzen, mit der Soße übergießen, mit gehackten Kräutern und Parmesan bestreut servieren.

**Für die Soße**
1 Schalotte
2 EL Butter
2 EL Mehl
100 ml Weißwein
200 ml Gemüsebrühe
150 g Sahne
50 g Gorgonzola
gehackte Kräuter und geriebener Parmesan zum Garnieren

# Indische Bananenkrapfen

Für 4 Portionen

2 feste Bananen
2 EL Zitronensaft
170 g Weizenmehl
1 TL Backpulver
je 1/2 TL Zimt und Kardamom
1 Päckchen Bourbon-Vanillezucker
100 ml lauwarme Milch
50 g Sahne
1 Eigelb

Dieses Rezept aus Indien schmeckt auch mit anderen Früchten gut. Nehmen Sie je nach Saison Äpfel, Birnen, Aprikosen, Pfirsiche oder Litschis. Ghee erhalten Sie im Asienladen.

■ Die Bananen schälen und jede in 8 Stücke schneiden, mit Zitronensaft beträufeln. Mehl, Backpulver, Gewürze und Puderzucker in einer Schüssel mischen, Milch und Sahne unter Rühren dazugeben. Das Eigelb unterrühren.

■ Ghee oder Butterschmalz in einer Pfanne zerlassen. Die Bananenstücke in den Teig geben und in dem Schmalz goldgelb ausbacken. Herausnehmen, abtropfen lassen und sofort mit Puderzucker bestreut servieren.

250 g Ghee (geklärte Butter, ersatzweise Butterschmalz)
Puderzucker zum Bestäuben

# Milchknöpfle mit Vanillesoße

**Für 4 Portionen**

1 1/2 l Milch
30 g gesalzene Butter
125 g Mehl
6 Eier
1 Vanilleschote
3 Eigelb
50 g Zucker
50 g Sahne

■ 1/2 l Milch mit der Butter aufkochen. Das Mehl auf einmal dazugeben und so lange rühren, bis sich der Teig vom Topfboden löst. Teig abkühlen lassen. Dann nach und nach die Eier unterrühren.

■ Die restliche Milch in einem Topf erhitzen. Die Vanilleschote längs aufschlitzen und in die Milch geben. Von dem Brandteig mit zwei Esslöffeln Nocken abstechen und in die Milch setzen. Bei schwacher Hitze etwa 10 Minuten ziehen lassen, dann herausheben und abtropfen lassen.

■ Die Eigelbe mit dem Zucker cremig aufschlagen, die Sahne unterrühren. Die Eigelbcreme in die warme Milch rühren, diese nochmals bis kurz unter dem Siedepunkt erhitzen, aber nicht mehr kochen. Die Vanilleschote entfernen. Die Soße zu den Milchknöpfle servieren.

# Schupfnudeln mit Zimt und Zucker

Für 4 Portionen

1 kg gekochte festkochende Kartoffeln
150 g Mehl
1–2 Eier
1/2 TL Salz
Butterschmalz zum Braten
Zimt und Zucker zum Bestreuen

Egal ob Schupfnudeln, Bubenspitzle oder Fingernudeln – man kennt und liebt die länglichen Kartoffelnudeln nicht nur in Süddeutschland. Besonders oft werden sie in deftiger Form mit Sauerkraut serviert. Fein ist aber auch die süße Variante. Servieren Sie selbst gemachtes Apfelmus dazu – Sie werden sehen, dass dies der ganzen Familie mundet. Für salzige Nudeln geben Sie die doppelte Menge Salz in den Teig und würzen nach Belieben mit etwas Muskatnuss.

■ Die Kartoffeln schälen und stampfen oder durch die Presse drücken. Mit Mehl, Ei(ern) und Salz zu einem glatten Teig verkneten. Den Teig mit bemehlten Händen zu daumenlangen und -dicken Rollen formen, diese zwischen den Handflächen schupfen, d.h. rollen (die Enden sollen spitz zulaufen). Die Kartoffelnudeln auf ein bemehltes Brett legen und abgedeckt etwa 30 Minuten ruhen lassen.

■ Butterschmalz in einer Pfanne erhitzen und die Nudeln darin portionsweise rundum anbraten. Fertige Nudeln im Backofen bei 100 °C warm halten. Die fertigen Nudeln mit Zimt und Zucker bestreuen und mit Apfelmus servieren.

# Südtiroler Spinatnocken

### Tipp

Den frischen Spinat können Sie durch 300 g tiefgekühlten Blattspinat ersetzen. Den Spinat mit einer gewürfelten Zwiebel andünsten, dann weiter verfahren wie im nebenstehenden Rezept angegeben.

### Für 4 Portionen

600 g Spinat
Salz, Pfeffer
250 g Knödelbrot
150 ml heiße Milch
100 g geriebener Parmesan
2 Eier
frisch geriebene Muskatnuss
ca. 100 g Semmelbrösel
4 Salbeiblätter
80 g Butter

■ Den Spinat waschen und verlesen, die groben Stiele entfernen. Wasser zum Kochen bringen, Salz hineingeben, den Spinat darin zusammenfallen lassen, herausheben und abtropfen lassen.

■ Das Knödelbrot mit der heißen Milch übergießen und quellen lassen. Den Spinat ausdrücken, fein hacken und mit der Hälfte des Parmesans, den Eiern, dem Brot, 1 TL Salz, Pfeffer und Muskatnuss mischen. So viel Semmelbrösel unter den Teig mengen, dass er sich leicht formen lässt.

■ Reichlich Wasser in einem großen Topf erhitzen, salzen. Aus dem Teig mit zwei Esslöffeln Nocken formen und diese in dem Wasser bei schwacher Hitze knapp 10 Minuten ziehen lassen. Die Nocken herausheben und abtropfen lassen.

■ Die Salbeiblätter waschen und zerkleinern. Die Butter in einer Pfanne zerlassen, die Salbeiblätter hineingeben. Die Nocken in der Salbeibutter schwenken und mit dem restlichen Parmesan servieren. Dazu schmeckt Tomaten- oder Blattsalat.

# Fein gefüllt: Schnecken, Hörnchen, Kolatschen, Strudel

# Zimtschnecken

FÜR 12 STÜCK

**Für den Teig**
1/2 Würfel Hefe
150 ml lauwarme Milch
25 g Zucker
1 Eigelb
250 g Mehl
30 g zerlassene Butter
Salz
2–3 EL zerlassene Butter zum Bestreichen

**Für die Füllung**
300 g Sahne
3 EL Honig
100 g Rosinen
1 EL Zimt
1 TL Zitronensaft
1 Eiweiß
200 g gemahlene Haselnüsse

■ Hefe, Milch und 1 TL Zucker verrühren, bis die Hefe aufgelöst ist. Zugedeckt 15 Minuten gehen lassen.

■ Das Ei trennen. Die Hefemilch zum Mehl geben. Butter, Zucker, Salz und Eigelb zufügen und alles zu einem glatten Teig verkneten. Zugedeckt etwa 45 Minuten gehen lassen.

■ Die Sahne mit dem Honig aufkochen, von der Kochstelle nehmen. Die Rosinen fein hacken und mit Zimt, Honig und Zitronensaft unter die Honigsahne rühren. Das Eiweiß und die Nüsse ebenfalls unterrühren.

■ Ein Backblech mit Backpapier auslegen. Den Teig auf bemehlter Fläche rechteckig ausrollen, mit der Füllung bestreichen, von einer Breitseite her aufrollen und in 12 Scheiben schneiden. Die Scheiben mit der Schnittfläche nach oben auf das Backblech setzen, mit der Butter bestreichen und weitere 10 Minuten gehen lassen.

■ Den Backofen auf 200 °C vorheizen. Die Zimtschnecken darin etwa 30 Minuten backen.

# Apfel-Hefe-Teilchen

**FÜR 12 STÜCK**

**Für den Teig**
250 g Weizenmehl
250 g Dinkelvollkornmehl
1/2 Päckchen Trockenhefe
2 EL Zucker
1 Prise Salz
1/8 l lauwarmes Wasser
1 TL abgeriebene unbehandelte Zitronenschale
1 Ei
60 g weiche Butter

**Für die Füllung**
400 g Äpfel (z. B. Boskop)
4 EL Rohrohrzucker
2 EL Butter
1 EL Zitronensaft
30 g gehackte Rosinen
2 TL Zimtpulver
Milch zum Bestreichen

■ Mehl, Hefe, Zucker und Salz mischen. Wasser, Zitronenschale, Ei und Butter hinzufügen und alles zu einem geschmeidigen Teig verkneten. Zugedeckt bei Zimmertemperatur etwa 1 Stunde ruhen lassen.

■ Die Äpfel vierteln, schälen, von den Kerngehäusen befreien und in Stücke schneiden. 2 EL Zucker in einem Topf karamellisieren. Butter, Zitronensaft, Rosinen, 1 TL Zimt und die Äpfel dazugeben, zugedeckt nicht zu weich dünsten. Abkühlen lassen.

■ Teig auf wenig Mehl durchkneten, in 12 Stücke teilen und diese auf wenig Mehl etwa 1/2 cm dick rund ausrollen. Je 1 EL Apfelkompott in die Mitte geben. Den Teig darüber zusammenklappen und gut festdrücken. Ein Blech mit Backpapier auslegen.

■ Rest von Zucker und Zimt mischen. Die Apfelteilchen mit der Naht nach unten auf das Blech legen, mit Milch bestreichen, mit Zimt-Zucker bestreuen und weitere 15 Minuten gehen lassen. Den Backofen auf 200 °C vorheizen. Die Hefeteilchen etwa 30 Minuten backen und lauwarm servieren.

# Sardische Frischkäsetörtchen

Für 4 Portionen

300 g Mehl
20 g frische Hefe
30 g Zucker
100 ml lauwarme Milch
30 g zerlassene Butter
1 Eigelb
1 Prise Salz
1 TL abgeriebene unbehandelte Zitronenschale

150 g Topfen (20 % Fett i.Tr.)
1 Eigelb
30 g Zucker
1 EL Zitronensaft
30 g Rosinen

■ Mehl in eine Schüssel geben, eine Vertiefung hineindrücken, die Hefe hineinbröckeln, mit etwas Zucker bestreuen und mit etwas lauwarmer Milch verrühren. Den Vorteig zugedeckt an einem warmen Ort etwa 15 Minuten gehen lassen.

■ Butter, Eigelb, restliche Milch und übrigen Zucker, Salz und Zitronenschale dazugeben und alles zu einem glatten Teig verkneten. Diesen zugedeckt weitere 45 Minuten gehen lassen.

■ Für die Füllung den Quark abtropfen lassen. Mit Eigelb, Zucker, Zitronensaft und Rosinen verrühren. Den Backofen auf 200 °C vorheizen. Ein Backblech mit Backpapier auslegen. Den Teig zu einer etwa 5 cm dicken Rolle formen, gleichmäßige Stücke abschneiden und diese auf etwas Mehl flach drücken, dabei einen Rand formen. Die Taler auf das Backblech setzen und die Quarkcreme darauf verteilen. Die Teilchen etwa 20 Minuten backen.

# Empanadillas

**Für etwa 10 Stück**

450 g Blätterteig in quadratischen Scheiben
1 Zwiebel
1 Knoblauchzehe
1 rote Paprikaschote
50 g Chorizo
2 EL Olivenöl
200 g Lammhackfleisch
1 TL frische Thymianblättchen
einige gehackte Rosmarinnadeln
30 ml halbtrockener Sherry
1 EL Tomatenmark
Salz, Pfeffer
1 Eigelb
2 EL Milch

■ Zwiebel und Knoblauch schälen und fein hacken. Die Paprikaschote putzen und fein würfeln. Die Chorizo ebenfalls fein zerkleinern. Das Olivenöl erhitzen, Zwiebel und Knoblauch darin andünsten.

■ Das Fleisch und die Wurst mitbraten, dann Paprika und Gewürze dazugeben. Den Sherry angießen und alles etwa 20 Minuten köcheln lassen. Das Tomatenmark unterrühren, mit Salz und Pfeffer würzen. Den Backofen auf 200 °C vorheizen. Ein Backblech mit Backpapier auslegen.

■ 1 bis 2 EL von der Füllung mit etwas Abstand vom Rand auf eine Ecke jeder Blätterteigscheibe setzen. Die gegenüberliegende Ecke darüberklappen, sodass Dreiecke entstehen. Die Ränder mit den Zinken einer Gabel festdrücken. Eigelb und Milch verquirlen. Die Empanadillas damit bestreichen und etwa 20 Minuten backen. Die Empanadillas schmecken warm serviert am besten.

# Watruschki

FÜR 8–10 STÜCK

**Für den Teig**
200 g Mehl
200 g Hartweizengrieß
60 g weiche Butter
Salz

**Für die Füllung**
2 EL Orangeat
400 g Ricotta
2 Eier
2 TL abgeriebene unbehandelte Orangenschale
60 g Zucker
1 Döschen Safranpulver
1 Prise Salz
1 EL Milch

■ 1/4 l Wasser erwärmen, mit Mehl, Grieß, Butter und Salz zu einem elastischen Teig verkneten, mit einem feuchten Tuch bedeckt ruhen lassen. Das Orangeat sehr fein zerkleinern.

■ Das Orangeat mit Ricotta, 1 Ei, Orangenschale, Zucker, Safran und Salz mischen. Den Teig dünn ausrollen und Rechtecke von etwa 8 x 16 cm ausschneiden. Den Backofen auf 180 °C vorheizen, ein Blech mit Backpapier auslegen.

■ Das zweite Ei trennen. Die Teigstreifen am Rand mit Eiweiß bestreichen. Auf eine Hälfte der Teigstreifen 1 EL Ricottafüllung geben, die andere Hälfte darüberklappen, die Ränder mit den Zinken einer Gabel fest drücken.

■ Die Plätzchen auf das Blech setzen. Eigelb mit Milch verquirlen, die Törtchen damit bestreichen und etwa 25 Minuten backen. Mit Puderzucker bestäuben und servieren.

# Topfenkolatschen

FÜR ETWA 10 STÜCK

**Für den Teig**
s. S. 126

**Für die Füllung**
200 g Quark
40 g weiche Butter
120 g Zucker
1 Ei
1 EL Speisestärke
100 ml Milch
60 g gemahlener Mohn
1 Päckchen Bourbon-Vanillezucker
Mandelblättchen zum Bestreuen

■ Einen Teig wie auf S. 126 beschrieben zubereiten.

■ Quark, Butter, 80 g Zucker, Ei und Speisestärke verrühren. Die Milch mit Mohn, Vanillezucker, Zimt, Zitronenschale und Grieß aufkochen und quellen lassen.

■ Den Backofen auf 200 °C vorheizen. Ein Backblech mit Backpapier auslegen. Den Teig zur Rolle formen, diese in gleiche Stücke schneiden. Die Stücke flachdrücken und auf das Blech setzen. Versetzt je drei Teelöffel von der Mohn- und 3 Teelöffel von der Quarkmasse daraufsetzen.

■ Die Kolatschen nach Belieben mit Mandelblättchen bestreuen und etwa 25 Minuten backen.

# Nussbeugerl

FÜR 12 STÜCK

**Für den Teig**
300 g Mehl
20 g Hefe
70 g Zucker
120 ml lauwarme Milch
60 g Butter
1 Eigelb
1 Prise Salz
1 Päckchen Bourbon-Vanillezucker
Puderzucker zum Bestäuben

■ Mehl in eine Schüssel sieben, eine Mulde hineindrücken, Hefe hineinbröckeln, mit etwas Zucker bestreuen und mit etwas Milch begießen. Die Hefe mit der Milch verrühren und diesen Vorteig zugedeckt etwa 15 Minuten gehen lassen.

■ Die restlichen Zutaten dazugeben und alles zu einem geschmeidigen Teig verkneten. Diesen zugedeckt weitere 50 Minuten gehen lassen. Strohrum mit Eiweiß, Marzipan, Mandeln, Zucker, Zimt und Zitronenschale vermengen.

■ Den Backofen auf 180 °C vorheizen. Ein Backblech mit Backpapier auslegen. Den Teig auf bemehlter Fläche rechteckig ausrollen und in etwa 12 lange, spitze Dreiecke schneiden. Die Butter unter die Nussfüllung rühren, die Teigdreiecke damit bestreichen, dabei einen Rand lassen.

■ Die Dreiecke von der Grundseite her aufrollen, die Spitze fest andrücken, Hörnchen formen und auf das Backblech legen. Die Nussbeugerl etwa 25 Minuten backen. Etwas abgekühlt mit Puderzucker bestäuben.

**Für die Füllung**
2 EL Strohrum
1 Eiweiß
50 g Marzipanrohmasse
100 g gemahlene Mandeln
50 g Rohrohrzucker
je 1 TL Zimt und abgeriebene unbehandelte Zitronenschale
70 g zerlassene Butter

# Chinesische Teigtaschen

Für 4 Portionen

**Für die Taschen**
500 g Mehl
Salz
250 g Krabben
250 g Chinakohl
1 EL Öl
1 Stück Ingwer
2 Frühlingszwiebeln
2 EL helle Sojasoße
2 EL Reiswein

**Zum Dippen**
4 TL Sesamöl
8 EL brauner Reisessig

■ Mehl mit etwa 1/4 l lauwarmem Wasser und 1 Prise Salz verkneten. Den Teig in ein feuchtes Tuch einschlagen und 1 Stunde ruhen lassen. Die Krabben abspülen und hacken. Den Chinakohl waschen, putzen und ebenfalls klein hacken. Öl erhitzen, den Kohl darin andünsten. Den Ingwer schälen und fein reiben. Frühlingszwiebeln waschen, putzen und fein hacken.

■ Die Krabben mit Kohl, Ingwer, Frühlingszwiebeln, Sojasoße und Reiswein mischen. Den Teig zu Rollen von etwa Ø 3 cm formen, diese in insgesamt 40 bis 50 gleich große Stücke teilen. Die Teigstücke rund ausrollen (Ø 8 bis 10 cm). Auf jedes Teigstück 1 TL Füllung geben, die Kreise zusammenklappen, die Ränder mit den Zinken einer Gabel festdrücken.

■ In einem großen Topf reichlich Wasser zum Kochen bringen. Die Teigtaschen hineingeben und das Wasser wieder aufkochen lassen. 1 Tasse kaltes Wasser hinzufügen, wieder aufkochen lassen. Diesen Vorgang noch einmal wiederholen, dann die Teigtaschen herausheben. Mit der Reisessig-Sesamöl-Mischung servieren.

# Apfelstrudel in der Reine

**Für den Teig**
250 g Mehl
1 Prise Salz
1/8 l lauwarmes Wasser
1 Ei
1–2 EL Sonnenblumenöl

**Für die Füllung**
5 Äpfel
2 EL Zitronensaft
1 Ei
200 g Sahne
100 g Quark
2 TL Speisestärke
2 EL Zucker
1 Päckchen Vanillezucker
70 g zerlassene Butter

Da kann nichts auslaufen oder reißen. Dieser Apfelstrudel gelingt garantiert und schmeckt herrlich – solo oder mit einer Kugel Vanilleeis.

■ Die Zutaten für den Teig verkneten. Den Teig mit einer warmen Schüssel bedecken und etwa 30 Minuten ruhen lassen.

■ Die Äpfel schälen, vierteln und dabei die Kerngehäuse entfernen. Die Viertel nochmals halbieren, dann in feine Scheiben schneiden und mit dem Zitronensaft beträufeln.

■ Ei mit Sahne, Quark, Stärke und Zucker verrühren. Die Äpfel dazugeben. Den Backofen auf 200 °C vorheizen. Eine Reine mit reichlich Butter ausstreichen und mit Zucker ausstreuen.

■ Den Teig auf bemehlter Fläche sehr dünn ausrollen. Auf ein Küchentuch legen, mit der flüssigen Butter bestreichen und mit der Füllung belegen. An drei Seiten einen breiten Rand lassen. Den Strudelteig seitlich über die Füllung klappen und mit Hilfe des Tuches aufrollen.

■ Den Strudel mit der Naht nach unten in die Reine legen und großzügig mit der restlichen Butter bestreichen. Etwa 40 Minuten backen. Dabei immer wieder mit flüssiger Butter bestreichen.

■ Den fertigen Apfelstrudel mit Puderzucker bestäuben und noch warm mit Vanillesoße oder Vanilleeis servieren.

### Tipp

Für das Rezept benötigen Sie etwa 1 1/2 Päckchen fertigen Strudelteig. Dann können Sie ihn auch in Form der Reine zuschneiden und lagenweise mit der Apfelfüllung einschichten.

# Apfelpiroggen

**Für den Teig**
125 g Weizenmehl
80 g Dinkelmehl
50 g gemahlene Mandeln
125 g Butter
60 g Zucker
1 Prise Salz
1 Ei

**Für die Füllung**
500 g Äpfel (z.B. Boskop)
2 EL Rosinen
2 EL Rum
100 g Zucker
50 g Butter
50 g gehackte Mandeln
2 Tropfen Bittermandelaroma

2 EL Aprikosenkonfitüre zum Bestreichen

■ Die Zutaten für den Teig rasch verkneten, zu einer Kugel formen und 30 Minuten kalt stellen. Die Äpfel schälen, vierteln und dabei die Kerngehäuse entfernen. Die Viertel nochmals halbieren und in feine Scheiben schneiden. Die Rosinen hacken und in dem Rum einweichen.

■ Den Zucker in einer Pfanne karamellisieren. Butter, Äpfel und Rosinen hinzufügen, alles kurz dünsten. Dann von der Kochstelle nehmen, die Mandeln und das Bittermandelaroma unterrühren.

■ Den Backofen auf 180 °C vorheizen, ein Backblech mit Backpapier auslegen. Den Teig auf bemehlter Fläche dünn ausrollen und zu Quadraten von etwa 10 x 10 cm schneiden. Etwas von der Füllung auf jedes Quadrat geben, eine Ecke über die Füllung klappen, die Ränder mit den Zinken einer Gabel festdrücken.

■ Die Piroggen auf das Backblech legen, mit einer Gabel mehrmals einstechen und etwa 30 Minuten backen. Die fertigen Piroggen noch heiß mit der pürierten Aprikosenkonfitüre bestreichen.

# Pelmeni mit Pilzfüllung

Für 4 Portionen

**Für die Füllung**
20 g getrocknete Steinpilze
200 g Egerlinge
1 Zwiebel
2 EL Sonnenblumenöl
2 hartgekochte Eier
100 g gekochter Reis
Salz, Pfeffer

**Für den Teig**
400 g Mehl
2 Eier
1/2 TL Salz
1 Eiweiß
100 g Butter
70 g Semmelbrösel

■ Die Steinpilze waschen und mit 200 ml kochendem Wasser übergießen. Die Egerlinge putzen, die Zwiebel schälen und beides fein hacken. Öl erhitzen, Zwiebel und Egerlinge darin dünsten.

■ Die Steinpilze aus dem Wasser nehmen, klein hacken und zu den Egerlingen hinzufügen. Das Einweichwasser durch einen Filter gießen und beiseite stellen. Die Eier pellen und fein hacken. Die Pilze mit Reis und Eiern vermengen und mit Salz und Pfeffer würzen.

■ Das Mehl mit Eiern, Salz und etwa 150 ml lauwarmem Einweichwasser zu einem geschmeidigen Teig verkneten. Den Teig unter einer angewärmten Schüssel ca. 30 Minuten ruhen lassen.

■ Den Teig auf bemehlter Fläche sehr dünn ausrollen und Kreise von ca. Ø 6 cm ausstechen, die Ränder mit Eiweiß bestreichen. Etwas Füllung auf eine Kreishälfte setzen, die andere Seite darüberschlagen, die Ränder festdrücken.

■ Die Pelmeni in reichlich Salzwasser bei schwacher Hitze 10 bis 15 Minuten ziehen lassen. Herausheben und abtropfen lassen, im Backofen warm halten.

■ Die Butter bräunen, die Semmelbrösel hinzufügen, die Pelmeni damit übergießen und servieren.

# Mokkaeclairs

Für 10 Stück

**Für die Füllung**
300 g Sahne
je 150 g Zartbitter- und Mokkaschokolade
2 TL lösliches Espressopulver

**Für den Teig**
50 g Butter
1 Prise Salz
170 g Mehl
4–5 Eier
1 TL Backpulver

**Für den Guss**
200 g Puderzucker
3 EL Kaffeelikör oder Amaretto
je 1 Prise Vanille- und Zimtpulver

■ Sahne, Schokolade und Kaffeepulver im Wasserbad schmelzen lassen. Zugedeckt 3 Stunden kalt stellen.

■ 1/4 l Wasser mit Butter und Salz aufkochen. Das Mehl auf einmal dazugeben und den Teig bei schwacher Hitze rühren, bis er sich vom Boden löst. Den Teig in eine Schüssel geben und abkühlen lassen. Die Eier nach und nach unterrühren, zuletzt das Backpulver dazugeben.

■ Den Backofen auf 200 °C vorheizen. Ein Backblech mit Backpapier auslegen. Den Teig in einen Spritzbeutel mit großer Sterntülle füllen. Etwa 10 cm lange Streifen in großen Abständen auf das Blech setzen und etwa 30 Minuten backen. Die Brandteigstangen herausnehmen, vom Blech lösen und noch warm mit einem scharfen Messer aufschneiden.

■ Puderzucker, Kaffeelikör, Vanillepulver und Zimt verrühren, die oberen Hälften der Eclairs damit bestreichen. Die Schokoladencreme schaumig aufschlagen, mit einem Spritzbeutel auf den unteren Hälften der Eclairs verteilen und die oberen Hälften darauflegen. Frisch servieren.

# Türkische Grießecken

FÜR ETWA 15 STÜCK

**Für die Teigtaschen**
1 Vanilleschote
1/2 l Milch
1 Prise Salz
1 TL abgeriebene unbehandelte Limettenschale
50 g Grieß
1 Ei
1 Eigelb
100 g Zucker
100 g gemahlene Pistazien
500 g Filoteig
100 g zerlassene Butter

**Für den Sirup**
100 g Zucker
Saft von 1 Limette
1 kleines Stück Zimtstange

■ Die Vanilleschote längs aufschneiden, Mark herausschaben, beides mit Milch, Salz und Limettenschale aufkochen. Grieß einrieseln und quellen lassen. Das Ei trennen. Die Eiweiße steif schlagen, die Eigelbe mit Zucker cremig aufschlagen. Eigelbmasse unter den Grießpudding rühren, erwärmen, bis die Masse dick ist, vom Herd nehmen. Den Eischnee und die Pistazien unterrühren.

■ Ein Backblech mit Backpapier auslegen, den Backofen auf 180 °C vorheizen. Aus den Filoteigplatten lange Rechtecke schneiden und mit Butter bestreichen. Jeweils 1 EL Grießmasse auf ein Ende setzen und den Teig darüber so zusammenklappen, dass Dreiecke entstehen und die Füllung nicht auslaufen kann. Die Päckchen wieder mit Butter bestreichen, auf das Blech setzen und etwa 25 Minuten backen.

■ Zucker mit Limettensaft, Zimt und etwa 100 ml Wasser kochen lassen, bis der Zucker gelöst ist. Die fertigen Teigtaschen aus dem Backofen nehmen und noch heiß mit dem Sirup bestreichen.

# Marokkanische Gazellenhörnchen

FÜR ETWA 30 STÜCK

200 g frische Datteln
200 ml Orangenblütenwasser
1/2 TL Zimt
150 g zerlassene Butter
Salz
500 g Mehl
Puderzucker zum Bestäuben

■ Die Datteln enthäuten und entsteinen. Die Früchte klein schneiden und mit 50 ml Orangenblütenwasser und Zimt bei schwacher Hitze etwa 15 Minuten dünsten, dann pürieren.

■ Das restliche Orangenblütenwasser mit der zerlassenen Butter, etwas Salz und dem Mehl verkneten. Den Teig dünn ausrollen und Kreise von Ø 8 bis 10 cm ausstechen. Den Backofen auf 180 °C vorheizen und ein Backblech mit Backpapier auslegen.

■ Auf jeden Kreis etwas von der Füllung setzen. Die Kreise zusammenklappen und die Ränder festdrücken. Die Hörnchen 20 bis 25 Minuten backen und abgekühlt mit reichlich Puderzucker bestäuben.

# Im Schmalz ausgebacken: Auszogne, Churros, Scherben

# Eberswalder Spritzkuchen

**Für etwa 14 Stück**

1/4 l Milch
100 g Butter
1 Prise Salz
1 EL Zucker
250 g Mehl
6 Eier
Aprikosenkonfitüre
100 g Fondant
4 EL Arrak
Kokosöl für das Backpapier und zum Frittieren

■ Milch, Butter, Salz und Zucker erhitzen. Das Mehl auf einmal hineingeben und so lange rühren, bis es sich vom Topfboden löst. Vom Herd nehmen und nach und nach die Eier unterrühren.

■ Den Teig in einen Spritzbeutel mit großer Sterntülle füllen. Kreise auf ein mit Kokosöl bestrichenes Backpapier spritzen. Kokosöl in einer Friteuse auf 180 °C erhitzen, die Spritzkuchen darin goldgelb ausbacken. Die fertigen Kuchen herausnehmen und mit erwärmter Aprikosenkonfitüre bestreichen.

■ Den Fondant mit dem Arrak erwärmen, die Spritzkuchen damit bestreichen. Frisch servieren.

# Nonnenfürzle

Für etwa
20 Stück

80 g Butter
1 Prise Salz
2 EL Zucker
120 g Mehl
4 Eier
1/2 Päckchen Backpulver
Butterschmalz zum Ausbacken
Puderzucker zum Bestreuen

Weh dem, der schlechtes dabei denkt, denn hinter der Bezeichnung *Nonnenfürzle* verbergen sich keine anstößigen Winde, vielmehr leitet sich der Name vom mittelhochdeutschen „nunnekenfurt“ ab, was so viel bedeutet wie „von Nonnen gemacht“.

■ Butter, Salz, Zucker und 1/8 l Wasser zum Kochen bringen. Das Mehl auf einmal hineingeben und bei schwacher Hitze weiterrühren, bis sich der Teig vom Topfboden löst, abkühlen lassen.

■ Die Eier nach und nach unterrühren, Backpulver dazugeben. Butterschmalz in einem hohen Topf erhitzen. Von dem Teig mit einem Esslöffel Nocken abstechen und diese in dem Fett rundum goldbraun backen. Die Nocken herausnehmen, kurz abtropfen lassen und mit Puderzucker bestreut sofort servieren.

# Marokkanische Shebbakia

Für etwa 15 Stück

500 g Mehl
20 g Hefe
30 g Zucker
1 TL Safranfäden
1 unbehandelte Zitrone
4 EL Erdnussöl
2 Eier
1 TL Salz
3 EL Orangenblütenwasser
300 g Honig
60 g Sesamsamen
Pflanzenöl zum Frittieren

In der arabischen Welt liebt man fettgebackenes Gebäck, das anschließend mit Sirup getränkt oder mit flüssigem Honig überzogen wird.

■ Mehl in eine Schüssel geben, eine Vertiefung hineindrücken, Hefe hineinbröckeln, mit Zucker bestreuen. 100 ml Wasser erwärmen, etwas davon zur Hefe geben und verrühren. Den Vorteig zugedeckt etwa 20 Minuten gehen lassen. Safran in dem restlichen Wasser auflösen. Die Zitrone waschen, die Schale fein abreiben, den Saft auspressen.

■ 1 TL Zitronenschale und 2 EL Saft mit Erdnussöl, Eiern, Salz und Orangenblütenwasser zum Mehl geben. Den Teig durchkneten und zugedeckt 1 Stunde gehen lassen.

■ Den Teig portionsweise 1/2 cm dünn ausrollen und in Quadrate von etwa 10 x 10 cm schneiden, die Quadrate im Innern streifig einschneiden. Weitere 10 Minuten gehen lassen. Aus den Quadraten Krapfen formen, indem man die inneren Streifen der Quadrate auseinanderzieht. Den Honig erwärmen, die Sesamsamen rösten.

■ Öl in einer Fritteuse auf 180 °C erhitzen, die Krapfen darin portionsweise ausbacken, herausnehmen, mit dem Honig beträufeln und mit den Sesamsamen bestreuen.

# Auszogne

Für etwa
15 Stück

500 g Mehl
30 g Hefe
50 g Zucker
200 ml lauwarme Milch
50 g Sahne
1 TL abgeriebene unbehandelte Zitronenschale
1/2 TL Safranpulver
Schmalz zum Frittieren
Puderzucker zum Bestäuben

Am besten schmecken die Knieküchle, wie sie auch heißen, wenn sie in Schweineschmalz ausgebacken und noch warm mit viel Puderzucker serviert werden.

■ Mehl in eine Schüssel geben, eine Vertiefung hineindrücken, Hefe hineinbröckeln, mit etwas Zucker bestreuen und mit etwas Milch verrühren. Den Vorteig zugedeckt etwa 15 Minuten gehen lassen.

■ Die Sahne, Zitronenschale und Safranpulver zum Mehl geben und alles zu einem geschmeidigen Teig verkneten. Zugedeckt etwa 30 Minuten gehen lassen.

■ Den Teig in etwa 15 gleiche Stücke teilen. Diese zu Kugeln formen, dann flachdrücken und ausziehen, sodass sie in der Mitte dünn und am Rand dick sind. Das Schmalz erhitzen, die Küchlein darin von beiden Seiten ausbacken und mit Puderzucker bestäubt servieren.

# Strübli

Für 4
Portionen

2 große Eier
1 EL Zucker
1/2 TL Salz
je 125 g Weizen- und Dinkelmehl
200 ml Milch
Butterschmalz zum Ausbacken

In Baden isst man die Strübli oder Striebli zur Kartoffelsuppe oder zu Spargel.

■ Die Eier trennen. Die Eiweiße mit Salz steif schlagen. Die Eigelbe mit dem Zucker und dem Mehl verrühren, nach und nach die Milch dazugeben. Der Teig sollte etwa so dick sein wie Pfannkuchenteig. Den Eischnee unterheben.

■ Das Fett erhitzen. Den Teig durch einen Strüblitrichter oder einen normalen Trichter in das Fett laufen lassen. Die Strübli herausheben und abtropfen lassen. Warm servieren.

# Frittierte Minipizzen

**Für 4 Portionen**

200 g Mehl
10 g Hefe
1 Prise Zucker
2 EL Olivenöl
1/4 TL Salz
2 EL geriebener Parmesan
50 g gehackte schwarze Oliven
1 TL getrockneter Thymian

■ Das Mehl in eine Schüssel geben, eine Vertiefung hineindrücken, die Hefe hineinbröckeln und mit Zucker bestreuen. 1/8 l Wasser erwärmen, etwas davon über die Hefe gießen, diese mit etwas Mehl verrühren. Den Vorteig zugedeckt etwa 15 Minuten gehen lassen.

■ Olivenöl, Salz, Parmesan und Oliven hinzufügen und alles mit dem restlichen Wasser zu einem geschmeidigen Teig verkneten. Den Teig zugedeckt 1 Stunde gehen lassen.

■ Den Teig auf bemehlter Fläche etwa 1/2 cm dick ausrollen, Kreise von Ø 8 bis 10 cm ausstechen. Öl in einer Friteuse erhitzen, die Pizzen darin portionsweise frittieren. Herausheben, abtropfen lassen und mit einer dicken Tomaten- oder Olivensoße servieren.

# Spanische Churros

**Für etwa 16 Stück**

1/2 l Wasser
1 Prise Salz
1 Döschen Safran
300 g Mehl
Kokosöl für das Backpapier und zum Frittieren
Puderzucker zum Bestäuben

■ Wasser, Salz und Safran zum Kochen bringen, das Mehl auf einmal hineinschütten und mit den Knethaken zu einem festen Teig verkneten. Backpapier auf eine Arbeitsfläche legen und mit Kokosöl bestreichen.

■ Den Teig in einen Spritzbeutel mit Sterntülle füllen und Kringel auf das Backpapier spritzen. Öl erhitzen und die Kringel hineingeben, goldgelb ausbacken, herausheben und dick mit Puderzucker bestäuben. Sofort servieren.

# Tunesische Orangenkuchen

FÜR 20 STÜCK

3 Eier
4 EL Erdnussöl
Saft und Schale von 2 unbehandelten Orangen
60 g Honig
200 g Weizenmehl
150 g Dinkelmehl
3 TL Backpulver
1/2 TL Vanillepulver
400 g Zucker
2 EL Orangenblütenwasser
Pflanzenöl zum Frittieren

■ Die Eier mit dem Erdnussöl, 3 TL Orangenschale und Honig cremig aufschlagen. Mehl darübersieben, Backpulver und Vanillepulver dazugeben, alles vermengen. Den Teig zugedeckt etwa 45 Minuten stehen lassen.

■ Den Zucker mit 400 ml Wasser, 100 ml Orangensaft, 2 EL Orangenschale und dem Orangenblütenwasser erhitzen und etwa 10 Minuten köcheln lassen, dann beiseite stellen.

■ Fett in einer Friteuse auf 180 °C erhitzen. Den Teig in etwa 20 gleiche Portionen teilen, diese mit bemehlten Händen zu Kugeln formen, etwas flach drücken und in die Mitte ein Loch bohren. Portionsweise in dem heißen Fett von beiden Seiten goldgelb backen.

■ Die frittierten Kuchen mit einer Gabel einstechen und in den Sirup tauchen. Warm servieren.

# Latte dolce fritto – Frittierte Milch

Für 1 Form von 18 x 18 cm (6–8 Portionen)

**Für den Pudding**
1 Vanilleschote
400 ml Milch
100 g Sahne
100 g Mehl
25 g Speisestärke
100 g Rohrohrzucker
7 Eier
Butter für die Form
Semmelbrösel zum Panieren
Erdnuss- oder Kokosöl zum Frittieren

■ Die Vanilleschote längs aufschneiden, das Mark herausschaben, beides mit Milch und Sahne erwärmen, etwa 10 Minuten ziehen lassen, dann die Vanilleschote wieder entfernen.

■ Mehl und Stärkemehl mischen. 5 Eier mit dem Zucker cremig aufschlagen. Die Mehlmischung und die Vanillemilch unterrühren. Alles bei schwacher Hitze cremig einkochen lassen. Die Form mit Butter einstreichen. Den Milchpudding in die Form gießen und über Nacht in den Kühlschrank stellen.

■ Für die Soße den Zucker in einem Topf karamellisieren, mit dem Kirschsaft ablöschen. Die Gewürze und die Beeren dazugeben, kurz aufkochen lassen. Die Speisestärke unterrühren und nochmals aufkochen lassen. Ebenfalls über Nacht kalt stellen.

■ Am nächsten Tag 2 Eier verquirlen. Die Semmelbrösel fein zerkleinern. Den Pudding in etwa 3 cm große Quadrate schneiden. Die Puddingstücke zuerst in den Eiern, dann in den Semmelbröseln wenden. Öl in einer Friteuse erhitzen und die Puddingschnitten darin rasch von beiden Seiten frittieren. Die fertigen Schnitten herausheben, auf Küchenpapier abtropfen lassen.

**Für die Soße**
60 g Zucker
100 ml Kirschsaft
1/2 TL Zimt
1 Prise Nelkenpulver
1 TL abgeriebene unbehandelte Zitronenschale
1 EL Speisestärke
400 g gemischte TK-Beeren

# Kichererbsenbällchen (Falafel)

Für 4 Portionen

350 g Kichererbsen (aus der Dose)
1 Zwiebel
2 Knoblauchzehen
1 Bund Koriander
4 EL Mehl
3 EL Semmelbrösel
1 TL Backpulver
1 Ei
1 TL Kreuzkümmel
je 1 Prise Zimt, Chili und Koriander
Salz, Pfeffer
Erdnussöl zum Frittieren

■ Die Kichererbsen abtropfen lassen. Zwiebel und Knoblauch schälen. Koriander waschen, die Blättchen abzupfen. Alle Zutaten pürieren, Mehl, Semmelbrösel, Backpulver, Ei und Gewürze unterrühren und alles mit Salz und Pfeffer würzen.

■ Aus der Masse knapp walnussgroße Bällchen formen. Das Öl in einer Friteuse auf etwa 180 °C erhitzen, die Bällchen darin rundum goldgelb ausbacken.

**Tipp**
Mit Hummus und buntem Salat können Sie Falafel in Pitabrote füllen, dann haben Sie eine vollwertige Mahlzeit.

# Südafrikanische Haddock Balls

Für 4 Portionen

2 gekochte mehligkochende Kartoffeln
2 Eier
1 EL gehackte glatte Petersilie
1 EL fein gehackte Zwiebeln
500 geräuchertes Fischfilet (z. B. Schellfisch)
1 EL Sahne
Salz, Pfeffer
Semmelbrösel
Kokosöl zum Ausbacken

■ Die Kartoffeln schälen, zerdrücken und mit 1 Ei, Petersilie und Zwiebelwürfeln vermengen. Das Fischfilet zerpflücken und mit der Sahne pürieren. Unter die Kartoffelmasse kneten.

■ Aus der Masse knapp walnussgroße Kugeln formen. Das andere Ei verquirlen, die Kugeln erst darin und dann in Semmelbröseln wenden. Das Öl auf 180 °C erhitzen und die Kugeln darin rundum goldgelb frittieren.

# Krapfen mit Marzipan-Eierlikör-Füllung

Für 12–14 Stück

**Für den Teig**
500 g Mehl
40 g frische Hefe
60 g Zucker
1 Päckchen Vanillezucker
150 ml lauwarme Milch
60 g zerlassene Butter
3 Eier
1/2 TL Salz

**Für die Füllung**
100 g Marzipanrohmasse
80 ml Eierlikör
4 EL Aprikosenkonfitüre
Puderzucker zum Bestäuben

■ Mehl in eine Schüssel geben, eine Vertiefung hineindrücken und die Hefe hineinbröckeln. Mit etwas Zucker und Milch verrühren, zugedeckt an einem warmen Ort 15 Minuten gehen lassen.

■ Restlichen Zucker, übrige Milch, Butter und Eier hinzufügen, alles zu einem geschmeidigen Teig verkneten. Diesen 20 Minuten gehen lassen, dann kräftig durchkneten und zugedeckt weitere 20 Minuten gehen lassen.

■ Aus dem Teig tischtennisballgroße Klöße formen. Fett in einem Topf mit hohem Rand erhitzen. Die Krapfen darin bei geschlossenem Deckel von einer Seite etwa 3 Minuten bei mittlerer Hitze backen, dann wenden und offen in 2 Minuten fertig backen. Herausheben und auf Küchenpapier abtropfen lassen.

■ Zutaten für die Füllung verrühren, in eine Spritztülle füllen. Die Krapfen damit an der Seite einstechen, füllen und mit Puderzucker bestäuben. Möglichst frisch essen.

# Kichererbsenbällchen (Falafel)

Für 4 Portionen

350 g Kichererbsen (aus der Dose)
1 Zwiebel
2 Knoblauchzehen
1 Bund Koriander
4 EL Mehl
3 EL Semmelbrösel
1 TL Backpulver
1 Ei
1 TL Kreuzkümmel
je 1 Prise Zimt, Chili und Koriander
Salz, Pfeffer
Erdnussöl zum Frittieren

■ Die Kichererbsen abtropfen lassen. Zwiebel und Knoblauch schälen. Koriander waschen, die Blättchen abzupfen. Alle Zutaten pürieren, Mehl, Semmelbrösel, Backpulver, Ei und Gewürze unterrühren und alles mit Salz und Pfeffer würzen.

■ Aus der Masse knapp walnussgroße Bällchen formen. Das Öl in einer Friteuse auf etwa 180 °C erhitzen, die Bällchen darin rundum goldgelb ausbacken.

**Tipp**
Mit Hummus und buntem Salat können Sie Falafel in Pitabrote füllen, dann haben Sie eine vollwertige Mahlzeit.

# Südafrikanische Haddock Balls

Für 4 Portionen

2 gekochte mehligkochende Kartoffeln
2 Eier
1 EL gehackte glatte Petersilie
1 EL fein gehackte Zwiebeln
500 geräuchertes Fischfilet (z. B. Schellfisch)
1 EL Sahne
Salz, Pfeffer
Semmelbrösel
Kokosöl zum Ausbacken

■ Die Kartoffeln schälen, zerdrücken und mit 1 Ei, Petersilie und Zwiebelwürfeln vermengen. Das Fischfilet zerpflücken und mit der Sahne pürieren. Unter die Kartoffelmasse kneten.

■ Aus der Masse knapp walnussgroße Kugeln formen. Das andere Ei verquirlen, die Kugeln erst darin und dann in Semmelbröseln wenden. Das Öl auf 180 °C erhitzen und die Kugeln darin rundum goldgelb frittieren.

# Doughnuts

### Tipp

Doughnuts schmecken auch ohne Glasur: Ein Schälchen Ahornsirup auf den Tisch stellen und die Kuchen vor jedem Bissen in den Sirup tauchen.

### Für etwa 15 Stück

500 g Mehl
1 Päckchen Trockenhefe
1/2 l lauwarme Milch
60 g Zucker
60 g zerlassene Butter
2 Eier
1 Prise Salz
200 g Zartbitterkuvertüre
50 g Kokosfett

■ Mehl mit Trockenhefe mischen. Milch, Zucker, Butter, Eier und Salz dazugeben und alles zu einem geschmeidigen Teig verkneten. Zugedeckt an einem warmen Ort zur doppelten Größe aufgehen lassen.

■ Den Teig nochmals durchkneten und zu etwa tischtennisballgroßen Kugeln formen. Diese etwas flachdrücken, mit einem Kochlöffelstiel ein Loch in die Mitte bohren. Man kann den Teig auch ausrollen und die Doughnuts ausstechen.

■ Die Stücke wieder etwa 15 Minuten gehen lassen. Inzwischen das Öl in einer Friteuse auf 180 °C erhitzen. Die Doughnuts darin von beiden Seiten goldgelb ausbacken, herausheben und abtropfen lassen. Zartbitterkuvertüre und Kokosfett zerlassen, die Doughnuts auf einer Seite damit bestreichen.

# Hollerküchlein

**Für 4–6 Portionen**

- 2 Eier
- 200 g Mehl
- 100 ml Milch
- 100 ml Prosecco
- 2 EL Holunderblütensirup
- 1 Prise Salz
- 1 TL abgeriebene unbehandelte Zitronenschale
- Kokosöl zum Frittieren

Sie schmecken unvergleichlich fein und zart – die ausgebackenen Holunderblüten, die es nur im Frühling gibt. Sammeln Sie nur abseits von Straßen und schütteln Sie die Blüten kräftig, bevor Sie sie unter fließendem Wasser kurz abbrausen.

■ Die Eier trennen. Die Eigelbe mit Mehl, Milch, Prosecco und Holunderblütensirup zu einem glatten Teig verrühren. Die Eiweiße mit Salz und Zitronenschale steif schlagen und unter den Teig heben.

■ Das Öl auf 180 °C erhitzen. Die sorgfältig gereinigten Blüten in den Teig tauchen und in dem heißen Öl frittieren, dann herausheben und auf Küchenpapier abtropfen lassen. Sofort servieren. Dazu passt Weinschaumsoße (s. S. 163 oben).

# Karthäuser Klöße

Für 4 Portionen

**Für die Klöße**
4 Milchbrötchen vom Vortag
1/4 l Milch
2 Eier
1 EL Zucker
1 Päckchen Bourbon-Vanillezucker
1/2 TL Zimt
1 Prise Muskatblüte
Butterschmalz zum Ausbacken
Zimt und Zucker zum Bestreuen

**Für die Weinschaumsoße**
1 EL Mehl
4 Eigelb
400 ml Weißwein
4 EL Zucker

■ Die Rinde der Brötchen fein abreiben und beiseite stellen. Milch, Eier, Zucker und Gewürze verquirlen, die Brötchen halbieren, damit begießen und im Kühlschrank etwa 2 Stunden ziehen lassen.

■ Das Schmalz in einem hohen Topf erhitzen. Die Brötchen aus der Eiermilch nehmen, in den Bröseln wenden und im Fett goldgelb ausbacken. Herausheben, abtropfen lassen und warm servieren.

■ Für die Soße Mehl mit Eigelben, Weißwein und Zucker verrühren und langsam unter Rühren über einem heißen Wasserbad schaumig rühren. Warm zu den Klößen reichen.

# Bala-bala

Für 4 Portionen

1/2 Kopf Weißkohl
4 Möhren
2 Lauchstangen
3 Kaffeetassen Mehl
1 Ei
Salz, Pfeffer
100 g Garnelen (nach Belieben)
Öl zum Frittieren
Chilischoten

Dieses Rezept stammt von Adji Subowo aus West-Java, der mit seiner Familie in Österreich lebt. Bala-bala ist ein sehr traditionelles Rezept, das man überall in Indonesien in zahlreichen Varianten findet. Dort isst man die frittierten Gemüsebällchen bereits zum Frühstück.

■ Das Gemüse putzen und sehr klein schneiden oder hacken. Das klein geschnittene Gemüse mit Mehl, Ei und etwas Wasser in einer Schüssel mischen. Die Mischung sollte die Konsistenz eines dicken Pfannkuchenteiges haben.

■ In einer Friteuse reichlich Öl erhitzen. Mit einem Löffel Nockerl von dem Teig abnehmen und portionsweise in reichlich Fett schwimmend ausbacken. Fertige Bala-Bala auf Küchenpapier abtropfen lassen und – wenn man mag – mit gehackten Garnelen und einer Chilischote essen.

# Frittierte Kirschkrapfen

## Für 6–8 Portionen

150 ml Milch
50 g Butter
1 Prise Salz
100 g Mehl
2 Eier
1 TL Vanillepulver
2 EL Zucker
200 g Schattenmorellen aus dem Glas
je 1 Prise Zimt- und Nelkenpulver
Kokosöl zum Frittieren
Puderzucker zum Bestäuben

■ Milch, Butter und Salz aufkochen lassen, das Mehl auf einmal hineinschütten, bei schwacher Hitze weiter rühren, bis sich der Teig vom Topfboden löst, beiseite stellen und abkühlen lassen.

■ Eier, Vanillepulver und Zucker unterrühren. Den Teig 1 Stunde kalt stellen.

■ Die Kirschen abtropfen lassen. Den Teig ausrollen und Kreise von etwa Ø 8 cm ausstechen. Auf jeden Kreis einige Kirschen geben. Die Kreise zusammenklappen, die Ränder mit den Zinken einer Gabel festdrücken.

■ Das Öl auf 180 °C erhitzen. Die Krapfen darin portionsweise frittieren, herausheben und abtropfen lassen. Mit Puderzucker bestäuben und mit Vanille- oder Kirschsoße anrichten.

# Gefüllte Sesambällchen aus China

Für 8 Stück

250 g Klebreismehl
1 EL Zucker
250 g süße Lotospaste
2 EL Kokosflocken
60 g weißer Sesam
1 l Kokosöl zum Frittieren

■ Das Klebreismehl und den Zucker mit etwa 100 ml heißem Wasser verrühren, den Teig etwa 10 Minuten quellen lassen. Den Teig zu einer Rolle von etwa Ø 4 cm formen, diese in 8 gleich große Stücke schneiden. Aus den Teigstücken etwa handtellergroße Taler formen, der Rand sollte dünner sein.

■ Die Lotospaste mit den Kokosflocken verrühren. Je einen Taler auf die Handfläche legen, 1 TL von der Lotospaste in die Mitte geben, den Teig über der Füllung zusammenschlagen und zu einem Kloß formen. Darauf achten, dass der Teig überall geschlossen ist.

■ Das Öl in einem Topf mit hohem Rand oder in einer Friteuse erhitzen. Die Bällchen mit Wasser befeuchten und in Sesam wälzen. Bei mittlerer Hitze in etwa 3 Minuten rundum goldbraun frittieren. Die Bällchen herausheben und auf Küchenkrepp abtropfen lassen.

# Rezepte

Bildnachweis

Lydia und Georg Baumgartner
S. 15

Herbert Becker
S. 68

Claudia Daiber
S. 20 re

Fotolia
U1 gr, U1 kl li, re, U4 mitte, S. 5 u, 10 beide, 11 li, 12 beide, 13, 17 beide, 20 li, 24 kl re, 28, 33, 36 li, 40 re, 41 re, 50 groß, 59, 62, 79, 86, 101, 167

iStockphoto
S. 11 re, 16, 19, 22 u, 23 beide, 74, 100, 121, 160

Shotshop
S. 31 u, 36 re

Stockfood
U1 kl mitte, U4 li, re, S. 4 alle, 5 mitte, 5 o, 6 alle, 7, 8 beide, 9, 21, 22 o, 24 groß, 24 kl li, 27, 29, 31 o li, 31 o re, 32, 34, 35, 37, 38, 39, 40 li, 41 li, 42, 43, 45 alle, 47, 48 li, 48 re, 49, 50 kl li, 50 kl re, 52, 53, 54, 55, 56, 57, 58, 61, 63, 64, 65, 66, 67, 69, 70, 71, 72 alle, 75, 76, 77, 78, 80, 81, 82, 83, 84, 85, 87, 88 beide, 89, 90, 92, 93, 94 alle, 96, 97, 98, 99, 102, 103, 104, 105, 106, 107, 109, 111, 113, 114, 115 beide, 116, 117, 118 alle, 120, 122, 123, 124, 125, 126 beide, 127, 128, 129, 130, 131, 132, 133, 134, 135, 136, 137, 138, 139, 140, 141 beide, 142 alle, 144, 145 beide, 146, 147, 149 beide, 151, 152 beide, 153, 154, 155, 156, 157, 159 alle, 161, 162, 164, 165 beide

Adji Subowo
S. 163


Gesamtherstellung: Tandem Verlag GmbH, Potsdam


Layout und Gestaltung: Christine Paxmann text • konzept • grafik, München

Alle Rezepte dieses Buches wurden mit Sorgfalt zusammengestellt und überprüft. Eine Garantie kann jedoch nicht übernommen werden.



ISBN 978-3-8427-1115-0